새로
고침

새로 고침

지은이 | 황선욱
초판 발행 | 2021. 1. 20
3쇄 발행 | 2021. 2. 3
등록번호 | 제1988-000080호
등록된 곳 | 서울특별시 용산구 서빙고로 65길 38
발행처 | 사단법인 두란노서원
영업부 | 2078-3352   FAX | 080-749-3705
출판부 | 2078-3331

책값은 뒤표지에 있습니다.
ISBN 978-89-531-3938-1 03230   Printed in Korea

독자의 의견을 기다립니다.
tpress@duranno.com   www.duranno.com

두란노서원은 바울 사도가 3차 전도여행 때 에베소에서 성령 받은 제자들을 따로 세워 하나님의 말씀으로 양육하던 장소입니다. 사도행전 19장 8-20절의 정신에 따라 첫째 목회자를 돕는 사역과 평신도를 훈련시키는 사역, 둘째 세계선교(TIM)와 문서선교(단행본·잡지) 사역, 셋째 예수문화 및 경배와 찬양 사역, 그리고 가정·상담 사역 등을 감당하고 있습니다. 1980년 12월 22일에 창립된 두란노서원은 주님 오실 때까지 이 사역들을 계속할 것입니다.

새로
고침

!

**주저하는 믿음을 향한
느헤미야의 선택!**

황선욱
지음

두란노

서문 • 6
추천사 • 8

하나님의 꿈으로
새로 고침 받으라

1. 꿈을 꾸고
   : 절망에서 건져 올릴 하나님의 꿈을 가지라 • 14

2. 철저히 준비하여
   : 기도로 준비할 때 기회의 문이 열린다 • 34

3. 함께 일어서서
   : 하나님은 함께 품은 꿈을 기뻐하신다 • 50

4. 흔들림 없이(1)
   : 사탄은 상황을 흔들지만, 하나님은 중심을 붙드신다 • 68

5. 흔들림 없이(2)
   : 기도로 버티는 자를 하나님은 은혜로 지키신다 • 82

6. 목적에 끝까지 집중하라
   : 기준이 뚜렷할 때 목적이 또렷하다 • 100

믿음으로 세상을
새로 고침 하라

7. 회복이 필요한 세상을 향해

: 예배의 회복이 곧 세상의 회복이다 · 122

8. 살아 계신 하나님의 말씀을 선포하는

: 인생의 갈급함을 해갈할 말씀을 가지라 · 142

9. 영향력 있는

: 사람들의 마음에 예수 그리스도를 심으라 · 158

10. 이런 그리스도인이 되십시오

: 하나님은 오늘도 느헤미야와 같은 그리스도인을 찾으신다 · 174

—— resetup(리셋업)

"비전이란 '보다'라는 라틴어 'visio'에서 나온 말로, 하나님이 보시는 곳을 함께 보는 것이며, 비전을 이루는 방법은 내가 보지 못하는 나의 미래를 보고 알고 계시는 예수님의 손에 붙들려 하루하루를 성실하게 살아가는 것입니다."

이것이 느헤미야를 통해 발견한 비전의 정의입니다. 저는 힘들고 어려운 목회의 현장과 마주할 때마다 느헤미야를 통해 주신 이 비전의 정의를 꼭 붙듭니다.

살다 보면 하나님이 리셋(reset) 버튼을 누르실 때가 있습니다. 다시 모든 것을 처음부터 시작시키실 때가 있는 것입니다. 목회도 마찬가지였습니다. 2000년에 목회자가 되어 세 번의 사역의 변화가 있었을 때, 2010년에 선교사로 파송 받아 하와이와 시카고의 이민 교회를 섬겼을 때, 2017년 말에 선교사 귀임 명령을 받아 모교회로 돌아와 교육국장으로 섬겼을 때, 하나님은 저에게 여지없이 리셋 버튼을 누르셨고, 제 손에는 그때마다 느헤미야가 들려 있었습니다.

그리고 2019년 하반기에 현재 교회의 담임 목사로 청빙을 받아 교회를 새롭게 섬기기 시작한 지 몇 달이 지나지 않아 하나님은 코로나19로 저의 목회에 다시 한 번 리셋 버튼을 누르셨습니다. 제가 세운 모든 계획을 초기화시키신 것입니다. 모든 것을 다시 셋업(setup)해야 했고, 그 과정에서 느헤미야가 함께 일어나 예배를 회복했던 것과 같이 교회 공동체가 함께 일어나 어려운 때 예배를 포기하지 않고, 오히려 예배의 본질을 회복하기를 소망하게 되었습니다.

이 책은 이런 소망을 담아 지난 여름 10주간 제가 섬기는 교회 공동체와 함께 나눈 말씀을 정리한 것입니다. 한 교회의 목사로, 또 이 시대를 살아가는 한 그리스도인으로 마주한 상황들을 헤쳐 나가며 이 같은 시대, 같은 고민을 하고 계신 분들에게, 또 길을 잃고 초조해하시는 분들에게 조그만 위로와 도움이 되기를 소망합니다.

오늘까지 여의도순복음교회에서 신앙이 생활이 되도록 이끌어 주시고, '겸손한 종이 되어야 한다' 당부해 주신 조용기 원로 목사님과 이영훈 담임 목사님에게 감사의 말씀을 드립니다. 설교가 책이 되어 세상에 나오도록 함께 마음을 나누고 애써 준 동역자들과 흔쾌히 출판을 허락해 주신 두란노서원에도 감사를 드립니다. 무엇보다 늘 부르신 사명에 집중할 수 있도록 언제나 든든한 버팀목이 되어 준 사랑하는 아내와 딸에게 감사를 전합니다.

2021년 1월
황선욱

추천사

황선욱 목사님은 저와는 같은 지역에서 목회하며 좋은 교제를 나누는 귀한 동역자입니다. 복음과 지역을 섬기는 일에 앞장서는 목사님의 모습에 감동을 받고는 합니다. 먼저 황 목사님의 책을 통해 복음에 대한 열정과 하나님의 사랑을 다시금 마음에 새길 수 있음에 감사의 말씀을 전합니다.

이 책은 느헤미야의 이야기를 통해 세상의 방법이 아닌 하나님의 일을 꿈꾸며 사는 사람의 삶이 얼마나 복되고 귀한지 잘 알려 줍니다. 사람에 흔들리고 세상에 흔들리는 갈대 같은 신앙인이 아니라 온 세상을 믿음으로 뒤흔드는, 하나님이 기뻐하실 만한 사람이 되고픈 꿈을 꾸게 합니다. 지금 이 세상에는 회복이 절실하게 필요합니다. 이런 세상에서 오직 하나님만을 유일한 삶의 기준이자 기초로 삼아 하나님의 위로를 선포하는 사람, 그리고 그렇게 말씀을 사모하는 사람들이 모여 예배의 자리를 지키며 기도를 쉬지 않는 교회가 필요합니다. 이 책을 읽는 모든 분들이 느헤미야와 같이 하나님의 꿈을 꾸며 큰 일꾼으로 세워지는 은혜가 있기를 축복합니다.

김병삼 목사 만나교회 담임

창세기부터 요한계시록까지 하나님의 구속사를 기록한 성경은 진리의 성령님이 모든 세대, 모든 사람에게 주신 말씀입니다. 기록된 역사를 오늘을 사는 우리의 이야기로 묵상하며 적용할 때, 각자 삶에서 무너져 있는 성벽이 그 말씀의 능력으로 중수됩니다.

황선욱 목사님의 《새로 고침》은 무너진 성벽과 예배를 느헤미야를 통해 주님이 다시 세우신 역사가 오늘 우리에게도 동일하게 적용되는 능력의 말씀임을 효과적으로 설득합니다. 특히, 코로나19로 많은 것이 무너진, 전지구적 위기 상황에서 우리는 더욱 말씀을 의지해야 합니다. "우리는 말씀이 우리의 삶을 이끌어 가시도록 끝까지 말씀을 붙들고 살아가야 합니다. 그러면 말씀이신 하나님이 우리의 인생에 역사하실 것입니다"(182쪽). 맞습니다. "느헤미야 때와 같은"(104쪽) 이 시기에, 말씀에 의거하여 내 생각과 뜻보다 하나님의 생각과 뜻을 "우선순위에" 둘 때(56쪽), 우리도 각자 삶의 자리에서 느헤미야처럼 "흔들림 없이" 굳게 서서 위기를 개인과 가정과 사회의 구원을 위한 기회로 바꿀 수 있습니다.

이 책을 읽으며 "성경의 이 메시지는 수천 년 전에 있었던 흥미로운 이야기가 아니라, 오늘 우리에게도 일어나는 하나님의 역사가 되어야 합니다"(125쪽)라고 외치는 저자의 부르짖음에 우리 모두 삶으로 화답하는 성령의 역사가 일어나기를 기대합니다.

김양재 목사 우리들교회 담임

한국 교회는 심각한 위기와 도전에 직면해 있습니다. 성도들의 영적 방황도 심각합니다. 게다가 2020년 코로나19라는 예상치 못한 바이러스와 마주해야 했고, 두려움과 낙심과 절망을 가져왔습니다. 하나님이 위기의 교회와 성도를 살리고 회복시키실 방법은 단 한 가지입니다. 우리의 무능력함과 무지함을 솔직하게 인정하고 예수 그리스도 앞으로 나아가는 것입니다. 우리에게 닥친 어려움을 해결해 주실 분은 자신을 '길이요 진리요 생명'이라 하신 예수님뿐입니다. 우리는 겸손히 그리고 믿음으로 주님에게 나아가 주시는 말씀을 들어야 합니다. 그것이 우리가 살 '유일하고 가장 강력한' 해답입니다. 하나님은 우리가 처한 상황과 어려움을 다 알고 계십니다. 그리고 문제의 해결과 앞으로 이루실 놀라운 일에 대한 완벽한 계획을 세우셨습니다. 그것이 '하나님의 꿈, 비전'입니다.

그렇다면 어떻게 하나님의 비전을 알고 그 비전을 바라볼 수 있을까요? 가장 정확한 길은 성경을 묵상하고 그 말씀대로 사는 것입니다. 그런 점에서 황선욱 목사님이 코로나19로 말할 수 없는 어려움을 겪는 중에 느헤미야서를 강해한 것은 정말 귀하고 감사한 일입니다. 느헤미야야말로 두려움으로 인한 낙심과 절망이 가득했던 시대에 하나님의 꿈을 꾸고 하나님이 바라보시는 곳을 함께 보았던 사람이었습니다.

느헤미야라는 인물은 우리를 감탄하게 만듭니다. 절망적인 상황에도, 위협을 당해도, 유혹이 와도, 악한 소문이 들려도, 사람을 매수해서 속이려 해도 조금도 흔들리지 않았습니다. 그 이유는, 그의 유일한 삶의 기준이 하나님이셨기 때문입니다. 우리는 느헤미야서 곳곳에서 그가 기도하는 모습을 보게 됩니다. 황선욱 목사님은 그 느헤미야를 통해서 지금 우리가 나아갈 방향을 제시하고 있습니다.

이 책을 읽으며, 우리는 지금 이 시대에 느헤미야가 있다면 무엇을 보고 어떻게 행동했을지를 짐작할 수 있습니다. 정확하고 균형 잡힌 성경 해설과 깊은 묵상 그리고 실제적인 적용이 돋보입니다. 한마디로 보물과 같은 책입니다.

하나님은 암울했던 시대, 오직 하나님의 꿈과 비전을 바라보았던 느헤미야를 절망과 낙심을 이기고 일어나 승리하게 하셨습니다. 마찬가지로 황선욱 목사님의 '느헤미야 강해'를 읽는 이들도 두려움에서 일으켜 세우시는 하나님의 은혜를 경험하게 될 것입니다.

유기성 목사 선한목자교회 담임

여의도순복음분당교회 담임 목사이자 한국 교회의 다음 세대를 이끌어 갈, 주목받는 젊은 리더인 황선욱 목사님의 《새로 고침》 출간을 진심으로 축하합니다.

목사님은 이 책에서 하나님이 느헤미야를 통해 어떻게 일하셨는지를 상세하게 설명하면서, 지금과 같은 어려운 시대에 젊은 세대들에게 어떻게 하나님의 뜻을 이루어 갈 것인가에 대한 영적 도전을 던져 주고 있습니다. 이 책을 읽는 분들이 민족의 비극 앞에서 느헤미야처럼 금식하며 하나님 앞에 민족의 회복을 간구하는 리더들이 되기를 바랍니다. 하나님은 느헤미야의 통회, 자복, 비통, 절규의 기도를 듣고 예루살렘 성을 재건할 수 있는 길을 열어 주셨습니다.

느헤미야는 제3차 예루살렘 귀환의 지도자로서 백성을 이끌고 그 땅에 이르렀고, 총독으로서 숱한 어려움을 극복하고 52일 만에 성벽 재건의 사명을 완수했습니다. 이로써 그는 기도가 단지 기도로 끝나지 않고 현실로 이뤄질 수 있음을 증명하는 산 증인이 되었습니다. 느헤미야의 삶은 "여호와께서 위로하셨다"라는 그의 이름의 뜻처럼, 유다 주민들의 삶과 믿음을 일으켜 세워 주는 위로의 일꾼이 된 것입니다. 이 책을 읽는 모든 분들에게 무너진 믿음의 성벽이 재건되고 닫힌 삶의 문이 열리는 은혜가 가득 넘치기를 기도합니다.

이영훈 목사 여의도순복음교회 담임

1부

하나님의 꿈으로
새로 고침 받으라

하나님은 비전의 사람들에게 인내를
가르치며 당신의 때와 기회를 보여 주십니다.
이것이 느헤미야가 위기의 순간을
기회로 바꾸어 잡을 수 있었던 이유입니다.
지금까지 기도하며 인내하고 있었다면,
지금의 위기가 기회의 때임을 믿으십시오.
하나님의 기회는 위기 가운데 오기 때문입니다.

꿈을 꾸고 느 1:1-5

절망에서 건져 올릴
하나님의 꿈을 가지라

하나님의 꿈이 낙심을 이깁니다.
하나님의 꿈이 절망을 이깁니다.
하나님의 꿈이 모든 두려움을 몰아냅니다.
느헤미야처럼 하나님의 꿈을 꾸는 우리는
꿈을 꾸기만 하는 것이 아니라,
그 꿈을 이루어 드릴 수 있어야 합니다.

희망차게 시작한 2020년이 채 두 달이 지나기도 전에 우리는 코로나19라는 예상치 못한 바이러스와 마주해야 했고, 당연하다고 생각하던 것들이 더 이상 당연하지 않게 여겨지는 세상을 살아가게 되었습니다. 많은 전문가들이 코로나19 이후에는 많은 변화가 있을 것이라고 말합니다.

우리는 지금 어떤 변화가 얼마큼 일어날지 가늠조차 할 수 없는 시기를 지나고 있습니다. 미래를 예측할 수 없을 때 우리의 마음에 찾아오는 것이 있는데, 바로 두려움입니다. 두려움은 낙심을 가져오고, 절망을 가져옵니다. 느헤미야 시대에 예루살렘 성에 살던 이스라엘 백성도 그랬습니다. 그들도 두려움에 사로잡혀 낙심과 절망의 날들을 보내고 있었습니다.

"그들이 내게 이르되 사로잡힘을 면하고 남아 있는 자들이 그 지방 거기에서 큰 환난을 당하고 능욕을 받으며 예루살렘 성은 허물어지고 성문들은 불탔다 하는지라"(느 1:3).

당신은 어떻습니까? 예루살렘 성에 살던 사람들처럼 두려움을 안고 살아가고 있습니까? 그로 인해 낙심과 절망 가운데 살아가고 있습니까? 우리가 두려움으로 인해 낙심하고 절망하고 있다는 것은 사실(fact)입니다. 사실을 아는 것은 상황을 이해하는 데 도움이 되지만, 그것이 문제를 해결해 주지는 않습니다. 그럼 우리는 우리의 인생에 들어와 있는 두려움으로 인한 낙심과 절망을 어떻게 몰아낼 수 있을까요? 이것들과 반대되는 것이 있어야 합니다. 그렇다면 그 반대되는 것은 무엇일까요? 그것은 바로 '하나님의 꿈, 비전'입니다.

하나님의 꿈이 낙심을 이깁니다. 하나님의 꿈이 절망을 이깁니다. 하나님의 꿈이 모든 두려움을 몰아냅니다. 느헤미야처럼 하나님의 꿈을 꾸는 우리는 꿈을 꾸기만 하는 것이 아니라, 그 꿈을 이루어 드릴 수 있어야 합니다.

성경은 하나님의 꿈을 'vision'이라는 단어로 표현합니다. vision은 라틴어 visio라는 단어에서 온 말인데, 원뜻은 '보다'라는 의미를 가지고 있습니다. 그렇습니다. vision은 보는 것과 관련 있습니다. 중요한 것은 누가 보느냐는 것입니다. 누가 보는 것일까요? 비전의 주체는 하나님이십니다. 비전을 알려면, 비전을 보려면, 하나님이 바라보시는 곳을 함께 바라봐야 합니다.

우리는 하나님이 바라보시는 곳을 함께 바라보았던 한 사람을 성경에서 만납니다. 그의 이름은 느헤미야입니다. 느헤미야는 두려움으로 인한 낙심과 절망이 가득한 시대에 하나님의 꿈을 꾼 사람이었습니다. 하나님이 바라보시는 곳을 함께 보았던 사람이었습니다.

느헤미야는 주전 450년경 바사에 살던 사람이었습니다. 느헤미야 1장 1절은 그를 이렇게 소개합니다.

"하가랴의 아들 느헤미야의 말이라 아닥사스다 왕 제 이십 년 기슬르월에 내가 수산 궁에 있는데."

이 말씀을 이해하기 위해서는 이스라엘 역사를 살짝 들여다볼 필요가 있습니다. 솔로몬 이후 남과 북으로 갈라진 이스라엘은 북 왕국이 주전 728년과 727년 사이에, 남 왕국이 주전 587년과 586년 사이에 각각 앗수르와 바벨론에 멸망당해 포로로 끌려갔습니다. 그러다 바사 왕 고레스의 칙령에 의해서 이스라엘 백성은 모두 세 차례에 걸쳐 예루살렘으로 돌아오게 되는데, 1차

귀환 공동체는 주전 536년에 스룹바벨의 지도하에 예루살렘으로 돌아와 바벨론 침공 때 무너진 예루살렘 성전을 재건했습니다. 그로부터 약 80년 후인 주전 458년경, 2차 포로 귀환 공동체가 에스라의 지도하에 예루살렘으로 돌아와 영적인 부흥 운동을 일으켰다고 성경은 말씀합니다.

무슨 말입니까? 1차 포로 귀환 공동체가 성전을 재건하는 등 열심을 냈지만, 80여 년의 세월이 흐르면서 이 공동체는 다시 영적인 부흥이 필요한 상태가 되었다는 것입니다. 그리고 다시 14년 후인 주전 445년경, 3차 포로 귀환 공동체가 느헤미야의 지도하에 예루살렘으로 돌아왔습니다. 본문은 느헤미야가 3차 포로 귀환 공동체를 이끌고 예루살렘으로 돌아오기 전, 아닥사스다 왕 제 이십 년 기슬르월부터의 이야기를 우리에게 들려줍니다.

느헤미야는 140여 년 동안 무너진 채 누구도 다시 쌓아 올릴 엄두를 못 내던 예루살렘의 무너진 성벽을 불과 52일 만에 재건해 낸 사람입니다. 그런데 우리가 알고 있는 내용이 느헤미야의 전부라면, 사실 느헤미야서는 6장에서 끝이 나야 합니다. 왜냐하면 6장에서 성벽 재건 공사가 모두 끝나기 때문에 그렇습니다. 그런데 느헤미야서는 모두 13장으로 쓰였습니다. 그렇다면 느헤미야 7-13장은 어떤 내용을 담고 있을까요? 바로 예배의 회복에 대한 내용을 담고 있습니다.

예배의 회복은 느헤미야가 성벽 재건 공사를 한 이유입니다. 느헤미야가 이 일을 기적적으로 해낼 수 있도록 하나님이 도우셨습니다. 예배의 회복을 위해 하나님이 느헤미야를 통해 일하신 것입니다. 이것이 바로 하나님이 느헤미야에게 보여 주시고, 느헤미야가 함께 보았던 비전입니다.

그렇다면 우리는 어떻게 해야 느헤미야처럼 하나님이 주신 비전을 가진 사람으로 살아갈 수 있을까요?

특별한 관심을 가져야 합니다

"내 형제들 가운데 하나인 하나니가 두어 사람과 함께 유다에서 내게 이르렀기로 내가 그 사로잡힘을 면하고 남아 있는 유다와 예루살렘 사람들의 형편을 물은즉"(느 1:2).

첫째, 꿈을 갖기 위해서는 관심이 있어야 합니다! 느헤미야는 예루살렘과, 사로잡힘을 면하고 예루살렘에 남아 있는 유다 사람들에게 관심이 있었습니다. 그래서 그의 형제 중 하나니가 예루살렘에 다녀왔을 때, 하나니에게 형편을 묻습니다. 예루살렘을 다녀온 하나니가 이야기보따리를 풀기도 전에, 느헤미야가 먼저 물어본 것입니다.

이쯤에서 우리는 느헤미야가 먼저 물어본 이유에 대한 답을 생각해 볼 필요가 있습니다. 왜 물어봤을까요? 답은 이렇습니다. 궁금했기 때문입니다. 왜 궁금했을까요? 관심이 있었기 때문입니다.

어린아이 때부터 오늘에 이르기까지 우리는 수없이 많은 일에 관심을 가지며 살아가고 있습니다. 느헤미야라고 달랐을까요? 느헤미야에게도 예루살렘에 대한 관심만 있었던 것은 아닐 것입니다. 우리 모두가 그랬듯이 말입니다. 그런데 성경은 특별히 느헤미야가 예루살렘에 관심이 있었음에 주목합니다. 왜냐하면, 이 관심은 특별한 관심이었기에 그렇습니다. 이 관심을 '특별한 관심'이라고 말하는 이유가 있습니다. 이 특별한 관심에는 '부담감'이 뒤따랐기 때문입니다.

"내가 이 말을 듣고 앉아서 울고 수일 동안 슬퍼하며 하늘의 하나님 앞에 금식하며 기도하여"(느 1:4).

살다 보면 마음에 굉장히 부담되는, 특별한 관심을 갖게 하는 일을 만날 때가 있습니다. 얼마 전, 의료 선교를 하다가 천국에 가신 한 선교사님의 다큐멘터리를 본 적이 있습니다. 그 모진 항암

치료를 열두 번씩이나 받아 가면서 선교지를 지키신 선교사님의 영상을 보면서 눈물이 났습니다. 천국 가시는 순간까지도 선교지를 놓지 못하는 모습을 보면서 마음이 아팠습니다. 그 선교사님은 자신의 욕심 때문에 끝까지 선교지를 놓지 못하셨을까요? 저는 그렇지 않다고 생각합니다. 그분이 그럴 수밖에 없었던 것은, 그곳에 특별한 관심이 있었기 때문입니다.

특별한 관심이 거룩한 부담을 불러일으킵니다. 부담스러워서 잊고 싶은데 자꾸만 생각 속에서 떠나지 않는 하나님의 일, 시간이 지날수록 나 아니면 안 될 것 같은 부담이 생기는 일, 그것이 바로 비전입니다. 그리고 그 비전을 발견한 사람이 사명자가 됩니다. 왜냐하면 사명은 보내심이기 때문입니다.

기억하십시오. 비전의 사람, 곧 사명자는 세상 사람들이 '이만하면 됐어, 열심히 했어, 충분히 했어'라고 말하는 선을 넘어서는 사람입니다.

느헤미야를 보십시오. 느헤미야는 예루살렘에 대한 특별한 관심을 가지고 있었습니다. 느헤미야는 예루살렘에 대한 거룩한 부담을 가지고 있었습니다. 아니, 좀 더 정확하게 말하자면, 하나님이 느헤미야에게 예루살렘에 대해 관심을 갖게 하셨고, 느헤미야에게 부담감을 심어 주셨습니다. 그리고 그 부담감이 결국 그의 발걸음을 예루살렘으로 향하게 했습니다. 특별한 관심을 넘어선 부담감이 그를 비전의 사람으로, 사명자로 살아가게 한 것입니다. 주님이 보게 하시는 곳, 주님이 보게 하시는 일이 부담스러워 애써 외면하고 있다면, 지금 바로 눈을 들어 그곳을 볼 수 있게 되기를 바랍니다.

미국에서 목회할 때 가장 자주 들었던 말은, '성도들에게 부담 주면 안 된다'는 것이었습니다. 부담 주면 도망가니 절대로 부담 주지 말라는 것이었습니다. 한국에 돌아와서도 성도들한테 부담 주는 설교는 하지 말라는 조언을 수도 없이 들었습니다. 그러나 저는 그 말에 동의하지 않습니다. 하나님의 꿈, 비전은 부담스러운 특별한 관심에서 시작되기 때문입니다. 하나님이 꿈을 주시는 이유는, 그것을 이루시기 위함입니다.

저는 이렇게 도전하고 싶습니다. 하나님이 보시는 곳, 하나님이 보시는 일을 함께 보십시오. 그곳이 우리가 가야 할 곳이고, 그 일이 우리가 해야 할 일입니다. 하나님의 일은 우리의 특별한 관심을 불러일으킵니다. 그리고 그 특별한 관심이 부담을 가져오고, 그 부담이 우리를 꿈이 있는 사람이 되게 하고, 사명자가 되게 합니다.

저는 당신이 이런 삶을 살아가기를 소망합니다. 부담을 동반한 특별한 관심을 갖는 것, 그것이 바로 꿈을 꾸는 첫 번째 발걸음입니다.

간절한 기도를 드려야 합니다

"내가 이 말을 듣고 앉아서 울고 수일 동안 슬퍼하며 하늘의 하나님 앞에 금식하며 기도하여"(느 1:4).

이 특별한 관심이 부담스럽기는 하지만, 그 일을 듣고 우리도 느헤미야처럼 여러 날 동안 슬퍼할 수 있습니다. 그러나 제가 느헤미야였다면, 예루살렘에 대한 특별한 관심과 그로 인한 부담감이 생겼을 때, 며칠 동안 운 다음에는 스스로에게 이렇게 말했을 것 같습니다. '어휴, 내가 지금 무슨 생각을 하는 거야? 정신 차리자. 충분히 울었어. 이건 내가 할 수 있는 일이 아니야!' 아마도 이 특별한 관심으로부터 도망치고 싶었을 것 같습니다. 떨쳐지지 않는 이 부담감을 애써 외면하고 싶었을 것 같습니다. 그런데 느헤미야는 이 부담스러운 특별한 관심으로부터 도망치지 않았습니다. 외면하지도 않았습니다. 그가 그랬다는 것을 어떻게 알 수 있습니까? 느헤미야가 이 부담스러운 특별한 관심을 기도의 자리로 가져갔기 때문입니다. 그렇다면 그는 어떤 기도를 하고 있습니까?

"이르되 하늘의 하나님 여호와 크고 두려우신 하나님이여 주를 사랑하고 주의 계명을 지키는 자에게 언약을 지키시며 긍휼을 베푸

시는 주여 간구하나이다 … 주여 구하오니 귀를 기울이사 종의 기
도와 주의 이름을 경외하기를 기뻐하는 종들의 기도를 들으시고
오늘 종이 형통하여 이 사람들 앞에서 은혜를 입게 하옵소서 하였
나니 그때에 내가 왕의 술 관원이 되었느니라"(느 1:5, 11).

기슬르월에서 니산월까지, 느헤미야는 금식하고 울며 하나님
에게 기도합니다.

"하나님, 나를 불쌍히 여겨 주옵소서!

하나님, 나를 긍휼히 여겨 주옵소서!

하나님, 은혜를 입게 해 주옵소서!

하나님, 형통케 해 주옵소서!"

그런데 이 기도 가운데 한 가지 놀라운 일이 일어납니다. 느헤미
야가 왕의 술 관원이 된 것입니다. 술 관원은 지금으로 치면 대통
령 비서실장쯤 되는 자리입니다. 막강한 권력을 가진 자리입니다.

미국에서 이민 목회를 하는 동안 저에게도 부담스러운 특별한
관심들이 있었습니다. 그중 첫 번째가 '상처 받은 성도들에 대한
관심'이었습니다. 처음 선교사로 발령받아 이민 교회를 섬기게 되
었을 때, 그 교회에는 스스로 '상처 있다'고 말하는 이들이 많았
습니다. 한 사람, 한 사람 만나 이야기를 듣는데, 들을수록 미궁
에 빠지는 것 같은 생각이 들었습니다. 상처를 받은 사람은 많은

데 상처를 준 사람은 없었기 때문입니다. 이런 상황이다 보니, 자라 보고 놀란 가슴 솥뚜껑 보고 놀란다고, 말 한마디가 조심스러울 정도였습니다.

그런데 더 큰 문제가 있었습니다. 이런 부담스러운 관심으로부터 도저히 피할 수가 없었다는 것입니다. 왜냐하면 제가 바로 그 교회의 담임 목사였기 때문입니다. 피할 수 없다면 감당해야 할텐데, 이 특별한 관심과 그에 따라오는 부담을 감당하기 위해 할 수 있는 일은 하나밖에 없다는 것을 깨닫게 되었습니다. 그것은 바로 기도하는 것이었습니다.

이미 한국에서 목회를 10년 가까이 했던 때였지만, 막상 기도하려고 보니 수십 년 동안 얽히고설킨 이 안타까운 상황을 어디서부터 어떻게 풀어야 할지, 어디서부터 시작해서 어떻게 기도해야 할지 알 수가 없었습니다. 그러나 손 놓고 앉아 있을 수도 없어, 우선 기도의 자리로 나아갔습니다. 그때 저의 기도의 시작은 이랬습니다.

"하나님, 어디서부터 어떻게 기도해야 할지를 모르겠습니다. 제가 무엇을 할 수 있습니까? 할 수 있는 일이 하나도 없습니다. 답답합니다."

그때 하나님이 저에게 주신 응답이 있습니다.

"맞아, 네가 할 수 있는 일은 하나도 없다."

"그럼 어떻게 합니까?"

"이 일은 내가 해결할 테니, 너는 믿고 기도만 해라!"

그때 문득 모교회인 여의도순복음교회의 담임으로 섬기고 계신 이영훈 목사님이 동경순복음교회의 새 성전을 마련할 때 여러 가지 어려움 앞에서 하셨던 기도가 생각났습니다.

"하나님, 나를 불쌍히 여겨 주옵소서. 하나님, 나를 긍휼히 여겨 주옵소서!"

저도 목사님의 기도를 따라 하기 시작했고, 기도하며 말씀을 보던 중 다시 느헤미야를 만나게 되었습니다. 좋은 스승을 두는 것이 이래서 중요합니다. 이 부담스러운 특별한 관심을 가지고 이영훈 목사님의 기도를, 느헤미야의 기도를 따라 하기 시작했습니다. 그렇게 했을 때, 신기하게도 서로 손가락질하던 성도들이 함께 손을 맞잡는 일이 일어났습니다. 하나님이 그들의 관계를 풀어 주신 것입니다. 그리고 그때부터 교회는 부흥하기 시작했습니다.

성경을 보십시오. 느헤미야는 단 한 번도 하나님에게 높은 자리를 달라고 기도한 적이 없습니다. 느헤미야가 부담스러웠던 특별한 관심을 간절한 기도로 승화시켰을 때, 하나님은 느헤미야를 왕의 술 관원이 되게 해 주신 것입니다.

느헤미야는 이 자리를 어떻게 생각했을까요? 성공한 자리로 생각했을까요? 하나님은 왜 느헤미야에게 이런 자리를 주신 것일까요? 높은 자리여서일까요? 그렇지 않습니다. 그 자리가 하나님이 앞으로 하실 일을 위해 필요한 자리였기 때문입니다. 우리가 기도할 때 하나님이 세워 주시는 자리가 있습니다. 그 자리가 바로 우리가 부담스러운 특별한 관심을 이룰 수 있는 자리라는 것을 기억하십시오.

그런데 이렇게 이야기를 해도 기왕이면 높은 자리였으면 좋겠다는 생각이 드는 것도 사실입니다. 저도 우리 모두가 기왕이면 높은 자리로 가게 되기를 바랍니다. 단, 그 자리를 감사함으로 여기며, 하나님의 꿈을 이루어 드리려는 발걸음을 멈춰 서지 않는다는 전제 아래서 말입니다. 그러나 무엇이 되는 것보다, 먼저 기도하는 사람이 되기를 바랍니다.

마침표를 쉼표로 바꿔야 합니다

"주여 구하오니 귀를 기울이사 종의 기도와 주의 이름을 경외하기를 기뻐하는 종들의 기도를 들으시고 오늘 종이 형통하여 이 사람들 앞에서 은혜를 입게 하옵소서 하였나니 그때에 내가 왕의 술 관원이 되었느니라"(느 1:11).

성경을 읽다 보면 많은 사람들이 이 구절에서 잠시 멈춰 서는 것을 봅니다. 왜 멈춰 설까요? 그것은 느헤미야가 지금 성공적인 자리를 꿰차고 앉았기 때문입니다. 느헤미야는 원래 포로민의 후손입니다. 그는 주류(majority)가 아니라 비주류(minority)였습니다. 느헤미야는 페르시아의 아닥사스다 왕 20년에 왕의 궁궐에 있었지만, 그가 궁궐에 있었다는 것이 그가 왕의 술 관원이 될 수 있다는 것을 의미하지는 않습니다. 그런 의미에서 보면 이것은 기적입니다.

사람들은 대개 이런 기분 좋은 기적이 자신에게도 일어나길 원합니다. 이것이 바로 이 구절에서 우리가 멈춰 서는 이유입니다. 그런데 성경은 느헤미야가 왕의 술 관원이 된 것에서 조금도 지체하지 않고 넘어갑니다. 그가 성공한 것을 축하하지도 않습니다. 굉장히 중요한 자리에 올랐는데도 말입니다.

왜 성경은 이 구절에서 멈춰 서지 않는 것일까요? 그것은 느헤미야가 왕의 술 관원이 된 것, 그 성공이 하나님이 느헤미야에게 하시고자 하는 일의 끝이 아니었기 때문입니다. 느헤미야가 왕의 술 관원이 된 것은 예루살렘의 예배의 회복이라는 하나님의 꿈을 이루어 가는 하나의 스텝, 과정이었기 때문입니다. 그것은 하나님이 그를 통해 이루기 원하시는 모든 일, 곧 예배의 회복을 향해 나아가는 데 필요한 하나의 '쉼표'이지 '마침표'가 아니었기 때문입니다.

벌써 오래전 일이 되었지만, 지금도 보면 가슴 뛰는 영상이 있습니다. 바로 2002년 한·일 월드컵입니다. 한국이 16강에 올라가고 8강에 올라갔을 때, 그것만으로도 기적이었습니다. 당시 많은 사람들이 '이것도 기적이야, 이만하면 됐어'라고 말하지 않았습니까? 그런데 그때 히딩크 감독은 이런 말을 했습니다.

"I'm still hungry!"(나는 아직도 승리에 배가 고프다!)

많은 사람이 '마침표'를 찍으려고 하던 그때, 히딩크 감독은 그것을 '쉼표'로 바꾸어 버린 것입니다. 우리 시대에 하나님에게 쓰임 받는 리더는 어떤 사람일까요? '마침표'를 '쉼표'로 바꾸는 사람이라고 믿습니다.

부담을 동반한 특별한 관심을 갖는 것, 그것이 바로 꿈을 꾸는 첫 번째 발걸음입니다. 우리는 간절한 기도가 관심을 넘어 하나님의 꿈, 비전을 이루어 드릴 수 있는 꿈꾸는 사람이 되게 함을 보았습니다. 꿈을 꾸고, 그 꿈을 이루어 가는 사람은 절대로 마침표를 찍지 않습니다.

우리는 이와 같은 삶을 사신 한 분을 잘 알고 있습니다. 그분은 우리에 대한 특별한 관심을 가지고 이 땅에 오셨습니다. 그리고 이 잔을 당신에게서 옮겨 달라는 부담을 십자가에서 기꺼이 짊어

지셨습니다.

우리는 이분이 겟세마네 동산에서 하신 기도를 기억합니다. 이분은 십자가에 죽으심으로 마침표를 찍을 수도 있었지만, 부활하심으로 마침표를 다시 쉼표로 바꾸어 놓으셨습니다. 그리고 오늘도 우리를 통해 잃어버린 영혼을 구원하시고, 이 땅에 하나님을 향한 예배가 회복되게 하고 계십니다. 그분이 바로 우리 구주 예수 그리스도이십니다.

느헤미야가 꾸고 이루었던 꿈, 예수님이 꾸고 이루셨던 그 꿈이 우리 모두의 꿈이 되기를 바랍니다.

1. 느헤미야는 예배의 회복을 위해 성벽을 재건하는 일에 최선을 다했습니다. 당신은 예배의 회복을 위해 무엇을 하고 있습니까?

_____

_____

_____

_____

2. 느헤미야는 자신의 성공을 위해 앞만 보고 살지 않았습니다. 공동체를 바라보며 그들의 아픔에 공감했습니다. 그때 하나님이 그에게 꿈을 주셨고, 그를 사용하셨습니다. 당신은 지금 무엇을 바라보고 있습니까? 당신의 관심은 어디에 있습니까?

_____

_____

_____

_____

3. 술 관원이 된 느헤미야는 분명 세상적인 성공을 이룬 상태였지만, 그는 이것을 목표로 삼지 않았습니다. 마침표를 찍지 않았습니다. 당신은 지금 이룬 성공에 도취되어 다 이루었다고 생각하며 살고 있진 않습니까? 당신에게 허락하신 성공의 자리를 통해 하나님이 이루실 일은 무엇이라 생각합니까?

_____

_____

_____

_____

4. 하나님이 당신에게만 주시는 특별한 부담감이 있다면 무엇입니까?

_____

_____

_____

_____

2

철저히
준비하여 _{느 2:1-6}

기도로 준비할 때
기회의 문이 열린다

기도하며 기다리는 동안 하나님은
우리에게 숙제를 내 주십니다.
그것은 바로 계획하는 것입니다.
지금의 삶이 힘들고 고난스럽더라도
계획하십시오. 계획하고 꿈꾸는 데는
돈이 들지 않습니다.

꿈을 꾸는 사람에게 가장 필요한 삶의 모습이 있다면 무엇일까요? '철저히 준비하는 것'입니다. 비전을 발견하는 것은 대단히 중요합니다. 그런데 발견하는 것보다 더 중요한 것이 있습니다. 그것은 바로 비전이 이루어지는 것입니다. 그리고 비전이 이루어지는 것은 곧 하나님의 일이 이루어지는 것입니다.

느헤미야는 비전의 발견과 이루어짐 그 어디쯤에 서 있습니다. 느헤미야는 이 발견과 이루어짐 사이에서 무엇을 하고 있습니까? 또 우리는 그 사이에서 무엇을 해야 할까요?

인내를 훈련해야 합니다

1960년대 후반, 미국 스탠퍼드대학교 실험실에서 근무하던 월터 미셸(Walter Mischel) 박사는 네 살짜리 아이들을 대상으로 인내심 테스트를 진행했습니다. 미셸 박사는 아이들에게 마시멜로를 하나씩 나눠 주면서 이렇게 말했습니다.

"선생님이 잠깐 나갔다 올 동안 먹지 않고 기다리면 하나를 더 줄게."

미셸 박사가 15분 후에 돌아와 보니, 어떤 아이들은 잘 참았지만, 어떤 아이들은 참지 못하고 먹어 버렸습니다. 10년, 20년, 30년의 세월이 흐르면서 네 살 때 유혹을 이겨 내고 인내심을 발휘한 아이들과 그렇지 못했던 아이들의 삶에 뚜렷한 차이가 나타났습니다. 인내한 아이들은 자라면서 어려움을 극복하고 성공적인 삶을 살았지만, 그렇지 못했던 아이들은 정서적으로 불안하고 쉽게 좌절했으며, 열등감도 많아 실패한 삶을 살았습니다.

인내하는 것이 중요한 이유는, 인내가 인생의 성패를 좌우하기 때문입니다. 하나님의 일을 할 때도 마찬가지입니다. 인내하는 것이 중요합니다.

느헤미야도 지금 인내를 훈련받고 있습니다. 느헤미야 1장 1절의 '기슬르월'은 우리 달력의 9월이고, 2장 1절의 '니산월'은 우리

달력의 1월로 넉 달 정도의 기간입니다. 이 기간 동안 느헤미야가 울며 금식하며 기도할 때, 하나님은 그를 왕의 술 관원이 되게 해주셨습니다. 느헤미야가 넉 달 동안 기도해서 그 결과로 왕의 술 관원이 된 것이 아니라, 그가 기도하던 넉 달 사이 어떤 지점에서 왕의 술 관원이 된 것입니다.

아닥사스다 왕 제20년
기슬르월
(느 1:1)

↓

느헤미야가
왕의 술 관원이 되다
(느 1:11)

↓

아닥사스다 왕 제20년
니산월
(느 2:1)

느헤미야 2장 1절을 보십시오.

"아닥사스다 왕 제이십년 니산월에 왕 앞에 포도주가 있기로 내가 그 포도주를 왕에게 드렸는데 이전에는 내가 왕 앞에서 수심이 없었더니."

느헤미야는 자신의 신분과 처지로는 오를 수 없는 왕의 술 관원의 자리에 오르며 하나님의 역사하심을 경험할 수 있었습니다. 그러나 왕의 술 관원이 되었지만, 비전을 발견하고 하나님의 역사하심을 경험했지만, 지금 당장은 할 수 있는 일이 없었습니다.

많은 사람들이 바로 이 지점, 지금 당장은 할 수 있는 일이 없어 보이고, 뭔가 막힌 것 같고, 더 이상 하나님이 아무 일도 하시지 않는 것 같은 답답함이 온몸을 감싸는 이 지점, 이런 때에 비전을 포기합니다. 혹시 당신도 지금 이 지점, 이런 때를 지나고 있습니까? 그렇다면 하나님이 당신에게 인내를 훈련하고 계심을 믿기 바랍니다.

느헤미야는 하나님이 그다음에 어떻게 일하실지 알지 못했지만, 하나님이 일하실 때까지 자신이 할 수 있는 일을 했습니다. 금식하며 기도한 것입니다. 세상 사람들은 기도를 가장 의미 없는 행동이라고 말하지만, 우리에게는 기도가 가장 의미 있는 행동이라고 믿습니다.

존 녹스(John Knox)라는 영국의 종교 개혁자가 있습니다. 그는 신앙의 자유를 위해 기도로 메리 여왕의 군대와 맞섰습니다. 그리고 마침내 여왕으로 하여금 "기도하는 한 사람이 기도하지 않는 한 민족보다 강하다!"는 고백을 하게 하고, 이어 신앙의 자유가 선포되게 합니다. 존 녹스가 엄청난 군대를 동원해 자신을 압박하는 영국의 메리 여왕과의 대결에서 이길 수 있었던 단 한 가지 이유가 있다면, 그가 인내하며 기도했기 때문입니다.

기도는 하나님과의 대화입니다. 기도는 하나님의 계획과 생각을 알 수 있도록 하나님과 우리 사이를 연결하는 파이프와 같은 것입니다. 그래서 기도하는 사람은 하나님의 때를 알고, 이해하고, 기다리게 되는 것입니다.

또 한 사람을 소개하고 싶습니다. 바로 영국의 '노예 무역 폐지'를 이끌어 낸 윌리엄 윌버포스(William Wilberforce)입니다. 그는 24세의 젊은 나이로 정계에 입문하며 촉망받는 정치인이 되었습니다. 그러나 정계에 입문한 지 1년 후인 그의 나이 25세 때 회심을 통해 그리스도인이 됩니다. 그 후부터 그는 노예 무역 폐지를 위해 일하기 시작했는데, 당시 그는 자신의 일기장에 "전능하신 하나님이 내 앞에 두 가지 커다란 사명을 주셨다. 그것은 노예 무역을 폐지하는 것과 이 나라의 관습을 개혁하는 것이다"라고 적었습니다.

윌리엄 윌버포스는 이 땅에서의 생명이 다하는 날까지 20여 년 동안 노예 무역 폐지 법안 통과를 위해 애썼고, 결국 그가 주님의 품에 안기고 나서 며칠 후인 1807년 1월, 이 법안은 영국 의회에서 283:16이라는 압도적인 표차로 통과되었습니다. 이 오랜 기간 동안 그가 이 일을 인내하며 감당할 수 있었던 이유는, 그와 함께 기도하던 '클래팜'이라는 기도 공동체가 있었기 때문입니다.

지금 인내를 훈련받고 있다면, 기도로 견뎌 낼 수 있기를 바랍니다. 꿈만 꾸는 사람이 되지 말고, 비전을 발견만 하는 사람이 되지 말고, 그 꿈과 비전을 이루는 사람이 되기를 바랍니다. 그러기 위해서는 기도로 인내를 훈련받아야 함을 그리고 이 훈련에 동참해야 함을 기억하십시오.

기회를 붙잡아야 합니다

느헤미야는 왕의 술 관원이 된 이후에도 계속해서 금식하며 기도 가운데 인내하고 있었습니다. 그는 기도하면 할수록 하나님이 마침내 이 일을 이루실 것이라는 확신을 갖게 되었습니다. 그러나 어떻게 이루실지, 그는 아직 알지 못했습니다.

'하나님이 이 일을 어떻게 이루실까?' 느헤미야는 늘 이것을 골똘히 생각했습니다. 그리고 이런 모습이 아닥사스다 왕의 눈에는 그가 근심하는 것처럼 보였습니다.

"왕이 내게 이르시되 네가 병이 없거늘 어찌하여 얼굴에 수심이 있느냐 이는 필연 네 마음에 근심이 있음이로다 하더라 그때에 내가 크게 두려워하여"(느 2:2).

성경은 이 말을 들은 느헤미야가 크게 두려워했다고 말씀합니다. 그도 그럴 것이, 왕의 최측근에서 술을 따르는 사람의 얼굴이 어둡고 뭔가 고민이 있는 것 같으면 왕의 마음이 불안해지지 않겠습니까?

'혹시 저놈이 술에 독을 탄 것은 아닐까?'

느헤미야는 죽을 수도 있는 상황에 처하게 된 것입니다. 그런데 성경은 놀라운 소식을 전합니다.

"왕께 대답하되 왕은 만세수를 하옵소서 내 조상들의 묘실이 있는 성읍이 이제까지 황폐하고 성문이 불탔사오니 내가 어찌 얼굴에 수심이 없사오리이까 하니"(느 2:3).

절체절명의 순간에 "왕이시여, 살려 주시옵소서"라고 말해도 살까 말까 한데, 느헤미야는 너무나도 침착하게 자신의 상황을 설명합니다.

하나님은 비전의 사람들에게 인내를 가르치며 당신의 때와 기회를 보여 주십니다. 이것이 느헤미야가 위기의 순간을 기회로 바꾸어 잡을 수 있었던 이유입니다. 지금까지 기도하며 인내하고 있었다면, 지금의 위기가 기회의 때임을 믿으십시오. 하나님의 기회는 위기 가운데 오기 때문입니다.

어떤 이들은 코로나19로 인해 교회에 전례 없는 위기가 다가왔다고 말합니다. 그런데 또 어떤 이들은 코로나19로 인해 교회에 새로운 기회가 다가왔다고 말합니다. 어떤 의미에서는 위기가 맞습니다. 그러나 이 위기를 하나님이 주시는 새로운 기회로 바꿀 수 있어야 합니다. 이것이 바로 금식하며 기도해야 하는 이유입니다. 인내를 배워야 하는 이유입니다.

느헤미야는 왕으로부터 좋게 말하자면 걱정을, 좋지 않게 말하자면 의심을 받습니다. 하지만 그는 두려웠음에도 마음 졸이지 않고 하나님이 당신의 일을 이루기 위해 계획해 놓으신 기회를 붙잡았습니다. 우리에게 이런 기회가 다가올 때, 우리 또한 그 기회를 붙잡을 수 있어야 할 것입니다.

이탈리아 시칠리아 섬에 있는 시라쿠사 거리에는 동상이 하나 서 있다고 합니다. 그 동상은, 앞머리는 머리숱이 무성하고 뒷머리는 대머리인데다가 발에는 날개가 달린 이상한 모습을 하고 있는데, 그 동상 아래에는 이런 글귀가 새겨져 있다고 합니다.

"나의 앞머리가 무성한 이유는 사람들로 하여금 나를 쉽게 붙잡을 수 있도록 하기 위함이고, 뒷머리가 대머리인 이유는 내가 지나가면 사람들이 다시는 붙잡지 못하도록 하기 위함이며, 발에 날개가 달린 이유는 최대한 빨리 사라지기 위함이다. 나의 이름은 '기회'(opportunity)이다."

하나님은 기도하면서 기다리는 사람에게 기회를 주십니다. 느헤미야 2장 4절을 보십시오. 아닥사스다 왕이 느헤미야에게 말합니다.

"왕이 내게 이르시되 그러면 네가 무엇을 원하느냐 하시기로 내가 곧 하늘의 하나님께 묵도하고."

느헤미야는 기회를 붙잡습니다. 그 기회가 지금 기적을 만들어내고 있습니다. 왕을 불안하게 한 것은 죽어 마땅한 죄인데, 왕이 화를 내기는커녕 도리어 '내가 뭘 도와주었으면 좋겠냐?'고 물어보고 있습니다. 기회를 붙잡으면 그것이 기적을 일으킵니다.

기도하며 기다려야 합니다. 기회는 반드시 찾아옵니다. 우리는 하나님이 주시는 기회를 붙들어, 우리 삶에서 하나님의 비전이 이루어지는 기적의 삶을 맛보아야 합니다.

계획하십시오

기도와 기다림 그리고 기다림과 기회 사이에 반드시 필요한 것이 있는데, 그것은 바로 '계획'입니다. 느헤미야는 기도하는 동시에 계획도 세웠습니다.

본문 4절에서 왕이 느헤미야에게 "그러면 네가 무엇을 원하느냐"라고 물었을 때 그는, "글쎄요…. 하하하. 갑자기 물으시니 너무 당황스럽습니다. 이제부터 생각해 봐야지요…"라고 말하지 않았습니다. 그는 왕이 물어보자마자 자신에게 기회를 주신 하나님에게 감사의 기도를 올린 후, 지금까지 계획해 온 일들을 일사천리로 말하기 시작했습니다. 그 내용이 굉장히 구체적입니다.

첫째, 예루살렘으로 가기 위해 비서실장 자리를 그만둘 수 있도록 요청합니다. 둘째, 재건 사업에 재정적인 후원을 해 달라고 왕을 설득합니다. 셋째, 왕으로부터 주변 총독들에게 보내는 조서를 얻어서 예루살렘으로 가는 길에 안전 보장을 요청합니다. 넷째, 왕의 삼림 감독관인 아삽에게 조서를 내려 예루살렘 성 재건을 위해 필요한 목재를 제공받게 해 달라고 요청합니다. 다섯째, 왕에게 유다 총독이라는 직위를 요청합니다.

기도하며 기다리는 동안 하나님은 우리에게 숙제를 내 주십니다. 그것은 바로 계획하는 것입니다. 지금의 삶이 힘들고 고난스럽더라도 계획하십시오. 계획하고 꿈꾸는 데는 돈이 들지 않습니다. 느헤미야가 하나님의 비전이 이루어지는 데 매우 중요하게 쓰임 받을 수 있었던 이유는, 그가 기도하며 준비했기 때문입니다. 그렇기 때문에 기회가 주어졌을 때, 그는 두려움 없이 기회를 붙잡을 수 있었던 것입니다.

세 살 때부터 수영을 배운 저의 딸아이가 초등학교 2학년이 되었을 때 하와이대학교 수영 학교에 들어가 처음으로 50미터 수영한 날을 잊을 수가 없습니다. 수업을 마친 후 그 어린아이가 숨을 헐떡거리며 저에게 달려와 안기며 힘들다고 엉엉 울었기 때문입니다. 어떤 분들은 찾아와 말합니다. "목사님, 제 한계는 여기까지인 것 같습니다." 그러나 한계를 경험하는 것은 하나님의 축복입니다. 왜냐하면 지금까지 가 본 적이 없는 곳을 향해 갈 수 있는 기회가 다가왔기 때문입니다.

느헤미야도 어떤 의미에서는 한계 상황이었을 것입니다. 무언가 하나님의 역사가 더 일어나야 할 것 같은데 일어나지를 않습니다. 하지만 그때, 느헤미야는 기도를 멈추지 않았습니다. 이것이 그가 하나님의 때를 기다릴 수 있었던 이유입니다.

느헤미야는 기도만 하지 않았습니다. 그는 기도와 함께 기회를 살피며, 언제라도 하나님이 명령하실 일을 시작할 수 있도록 철저히 계획을 세우며 준비했습니다. 우리 또한 위기의 때에 하나님의 기회를 붙잡을 수 있도록 철저히 준비되어야 할 것입니다.

1. 하나님에게 크게 쓰임 받았던 느헤미야도 인내와 준비의 시간이 필요했습니다. 당신은 무엇을 인내하며, 무엇을 준비하고 있습니까?

_____

_____

_____

_____

2. 느헤미야는 왕 앞에서 목숨을 잃을 수도 있는 위기의 상황을 기회로 만들었습니다. 혹시 지금, 위기와 어려움에 가로막혀 꿈을 포기하려 하고 있지는 않습니까?

_____

_____

_____

_____

3. 미리 계획을 세워 두었던 느헤미야는 왕이 질문했을 때 구체적으로 대답했습니다. 당신이 꿈을 이루기 위해 구체적으로 계획한 것이 있다면 무엇입니까?

_____

_____

_____

_____

4. 당신의 인생 계획은 하나님이 주신 계획입니까, 아니면 본인이 세운 계획입니까?

_____

_____

_____

_____

3

함께
일어서서 느 3:1-5

**하나님은 함께 품은 꿈을
기뻐하신다**

하나님의 꿈은
한 사람을 통해 시작되지만,
그 완성은
모두가 함께할 때 이루어집니다.

1980년, 미국의 3대 자동차 회사(GM/포드/크라이슬러) 중 한 곳이 파산 위기에 놓였는데, 당시 이 회사의 적자 규모는 약 17억 달러에 달했으며, 회사의 현금 자산은 단돈 100달러 정도뿐이었습니다. 회사는 위기 극복을 위해서 새로운 회장을 뽑습니다. 새로 온 회장은 취임하자마자 자신의 연봉을 1달러만 받겠다고 선언했고, 대대적인 구조 개혁안을 만들어 노조와 직접 협상을 이끌어 냈습니다. 그리고 정부에 지원을 요청해, 당시로서는 천문학적 금액인 약 12억 달러의 구제 금융을 받습니다.

2년 후인 1982년, 이 회사는 12억 달러의 구제 금융액을 전액 되갚았고, 2년 후인 1984년에는 약 25억 달러의 흑자 기업으로 전환되었습니다. 이 이야기는 크라이슬러라는 미국 자동차 회사에 있었던 실화이며, 파산이 당연해 보이는 회사에 뛰어들어 놀라운 변화를 이끌어 냈던 사람은 바로 우리에게 잘 알려진 '리 아이아코카'(Lee Iacocca)입니다.

아이아코카의 자서전에는 이런 말이 쓰여 있습니다.

"내가 비결을 하나 배웠다면, '함께 더불어' 일하는 사람들은 무엇이든 만들어 낸다는 것이다. 그 분위기를 만드는 것이 리더의 책임이다."

또 그는 자신의 연봉을 1달러로 선언하고 노조와 직접 만나 협의를 진행한 일을 묻는 사람들을 향해 이렇게 말했습니다.

"솔선수범해서 스스로 먼저 희생하는 리더십을 보여 주어야만 했습니다. 망해도 함께 망하고, 성공해도 함께 성공하겠다는 굳은 의지의 표현이었습니다. 위아래 구별 없이 모두가 함께 희생한다고 생각하면 태산이라도 능히 옮길 수 있습니다."

아이아코카가 자서전에 남긴 말을 통해 알 수 있는 것은, 그는 혼자 살려고 했던 것이 아니라, 함께 살려고 했다는 것입니다.

세상은 우리에게 생존을 가르치면서 이렇게 말합니다. '네가 살아남기 위해서는 누군가를 짓밟고 올라서야 한다.' '강한 사람이 살아남는다. 그리고 살아남는 사람이 강한 사람이다.' 아프리카 세렝게티 초원에나 있을 법한 '약육강식'(弱肉强食, the survival of the fittest)이 빌딩 숲에서도 그대로 적용되는 것을 볼 수 있습니다.

아이아코카가 위대한 사람일 수 있는 것은, 그가 세상의 이러한 생존 방법을 거슬렀기 때문입니다. 그가 세상의 생존 방법을 거스르기 위해서 찾아낸 코드는 '함께'였습니다. 그리고 그가 '함께'를 실천하기 위해 사용했던 방법은 자신의 존재를 낮추는 것이었습니다.

우리는 성경에서 아이아코카보다 훨씬 오래전에 함께 살아나는 방법을 찾아냈던 한 사람을 만날 수 있는데, 그의 이름은 느헤미야입니다. 앞선 장들을 통해 살펴본 이 엄청난 일은 지금까지 느헤미야를 통해 준비되어 왔습니다. 이 일이 여기까지 이르기 위해 숱한 어려움을 통과했던 사람도 느헤미야였습니다. 그런 의미에서 본다면 느헤미야 3장 1절은 '느헤미야를 좇아 사람들이 일어나'로 시작되는 것이 마땅할 것 같습니다. 그런데 성경은 그렇게 시작하지 않습니다. 그럼 어떻게 시작될까요?

"그때에 대제사장 엘리아십이 그의 형제 제사장들과 함께 일어나 양문을 건축하여 성별하고 문짝을 달고 또 성벽을 건축하여 함메아 망대에서부터 하나넬 망대까지 성별하였고."

느헤미야 3장 1절에 느헤미야의 이름이 보이지 않습니다. 그런데 1절에서만 보이지 않는 것이 아니라, 느헤미야 3장 그 어디에서도 느헤미야의 이름은 보이지 않습니다(16절의 느헤미야는 동명이인입니다). 대신 성경은 함께 일어난 사람들에 대해서 말씀합니다. 왜 그런 것일까요?

건축을 예로 들어 보겠습니다. 건축을 하기 전에는 '블루프린트'(blueprint), 곧 설계도가 있어야 합니다. 하나님이 느헤미야를 준비시키신 것입니다. 그러나 설계도가 건축의 끝은 아닙니다. 왜냐하면 이제 지어져야 하기 때문입니다. 실제적인 건축이 이루어지려면 많은 사람이 함께해야 하는 것입니다.

하나님의 꿈은 한 사람을 통해 시작되지만, 그 완성은 모두가 함께할 때 이루어집니다. 그러려면 우리는 어떻게 해야 할까요?

함께 일어나십시오

"그때에 대제사장 엘리아십이 그의 형제 제사장들과 함께 일어나 양문을 건축하여 성별하고 문짝을 달고 또 성벽을 건축하여 함메아 망대에서부터 하나넬 망대까지 성별하였고"(느 3:1).

앞 장에서는 함께 일어서는 방법에 대해 살피며, 하나님이 하실 일을 믿음의 눈으로 보고 마음에 담아 비전을 선포하고 전진하자고 이야기했습니다. 앞 장이 함께 일어서기 위한 동기 부여

편이었다면, 이 장은 실천 편인 것입니다.

느헤미야는 혼자서 이 사역을 감당할 수 있다고 생각하지 않았습니다. 느헤미야 3장 한 장에만 무려 70명 이상의 사람 이름이 기록되어 있습니다. 중요한 것은, 이 사람들이 함께 일어났다는 것입니다. 대제사장 가문만 일어난 것이 아니라, '그다음은', '그다음은' 하며 모든 가문과 사람들이 하나로 연결되고 있습니다.

교회도 마찬가지입니다. 교회를 향한 그리고 교회를 통한 하나님의 꿈과 비전이 이루어지기 위해서는 교회가 하나로 연결되어야 합니다. 사도 바울은 에베소서를 통해 이렇게 이야기합니다.

"너희는 사도들과 선지자들의 터 위에 세우심을 입은 자라 그리스도 예수께서 친히 모퉁잇돌이 되셨느니라 그의 안에서 건물마다 서로 연결하여 주 안에서 성전이 되어 가고 너희도 성령 안에서 하나님이 거하실 처소가 되기 위하여 그리스도 예수 안에서 함께 지어져 가느니라"(엡 2:20-22).

예수님 중심일 때 그리고 성령 충만할 때, 우리는 내 생각, 내 뜻보다 하나님의 생각, 하나님의 뜻을 우선순위에 두고 살아갈 수 있습니다. 그런 곳이 교회라고 성경은 말씀하는 것입니다.

성경을 읽다 보면 우리가 함께해야 하는 이유를 발견할 수 있습니다.

"한 사람이면 패하겠거니와 두 사람이면 맞설 수 있나니 세 겹줄은 쉽게 끊어지지 아니하느니라"(전 4:12).

뿐만 아닙니다. 신명기 32장 30절에서도 "한 사람이 천을 쫓고, 두 사람이 만을 쫓는다"고 말씀합니다. 이러한 말씀을 통해 하나님이 주시는 메시지는, '혼자가 아니라 함께하라'는 것입니다.

우리가 잘 알고 있듯이, 초대 교회는 부흥하는 교회였습니다. 초대 교회가 부흥할 수 있었던 가장 큰 이유는 성령 충만한 사람들이 있었기 때문입니다. 우리가 잘 부르는 찬송처럼, '세상과 나는 간 곳 없고 구속한 주님만 보일 때' 교회는 하나 되고 부흥하는 것입니다. 이 땅의 교회 또한 이렇게 하나 되어 함께 일어설 수 있어야 할 것입니다. 그들이 함께 일어나 일하기 시작했을 때 140여 년 동안 무너져 있던 예루살렘 성벽이 단 52일 만에 재건되는 기적이 일어난 것처럼, 이 땅의 교회와 성도가 함께 일어나 하나님의 꿈을 향해 전진해 나갈 때, 우리의 삶에도 이와 같은 놀라운 기적이 일어나게 될 것입니다.

직장에서, 사업장에서 느헤미야가 되십시오. 그들이 함께 일어날 수 있도록 도와주십시오. 당신의 삶이 하나님의 기적의 통로로 사용되는 은혜의 날이 되도록 하루하루를 살아가십시오.

할 수 있는 일을 하십시오

"어문은 하스나아의 자손들이 건축하여 그 들보를 얹고 문짝을 달고 자물쇠와 빗장을 갖추었고"(느 3:3).

느헤미야가 다시 쌓아올린 성벽은 높이가 약 10-12미터, 폭은 7.5미터 정도였으며, 군데군데 무너진 성벽의 길이를 합하면 그 길이가 3킬로미터가 넘었다고 합니다. 우리가 이 일을 한다면 얼마만큼의 시간이 걸릴까요? 계산이 잘 되지 않는 질문입니다. 그런데 성경은 이 무너진 성벽이 불과 52일 만에 재건축을 끝마쳤다고 말씀합니다.

느헤미야는 이 일을 어떻게 52일 만에 해낼 수 있었을까요? 첫째는 하나님이 도와주셨기 때문이고, 둘째는 함께했기 때문이며, 셋째는 느헤미야가 그 일을 가장 잘할 수 있는 사람들에게 맡겼기 때문에 가능했음을 성경을 통해 확인할 수 있습니다. 예를 들어, 대제사장 엘리아십의 가문은 그들이 성전의 일을 맡았음을 감안해서 성전 가까이 있는 양문과 그 주변을 건축하게 했고, 어업에 종사했던 하스나아의 자손들에게는 어문을 맡겼던 것입니다.

"또 그들에게 하나님의 선한 손이 나를 도우신 일과 왕이 내게 이른 말씀을 전하였더니 그들의 말이 일어나 건축하자 하고 모두 힘을 내어 이 선한 일을 하려 하매"(느 2:18).

예전에 미국에서 이민 목회를 할 때 교회에 젊은 두 집사님이 있었습니다. 한 분은 건축 관련 일을 하는 분이었고, 다른 한 분은 2세였는데 개인 사업을 하는 분이었습니다. 교회 건축을 하고 싶어 부동산에 연락해서 건물을 보러 다녔는데, 제가 영어가 좀 부족하다 보니 2세 집사님을 몇 번 불러 같이 간 적이 있었습니다. 그런데 다른 성도 한 분이, 건축 일하는 집사님이 시험에 세게 들었다는 이야기를 전해 주었습니다. 아무리 생각해 봐도 잘 모르겠기에 직접 물었습니다. 그랬더니 이분이, '목사님은 중요한 일에는 저 2세 집사를 데려가고, 자기는 교회 고치고 수리하는 허드렛일로만 불러서 화가 났다'는 것입니다. 무슨 말인지는 알겠는데, 잘 이해가 되지 않았습니다. 2세 집사님은 영어를 잘하고 개인 사업을 해서 계약서도 잘 보기 때문에 함께 간 것이고, 건축 일하는 집사님은 그 일을 하는 사람이니 교회 시설 돌보는 일을 맡겨 드린 것이기 때문입니다.

주님의 일에는 더 중요하고 덜 중요한 일이 없습니다. 하지만 다 알면서도 그게 잘 안 될 때가 있습니다. 자꾸만 내가 더 중요한 사람이 되고 싶고, 내가 더 드러나는 자리에 가 앉고 싶습니다. 그럴 때 기억하십시오! 느헤미야와 함께 일어난 사람들은 더 중요하고 덜 중요한 것을 따지지 않았습니다. 그들은 남에게 보이는 일을 하기보다, 자신이 할 수 있는 일을 했습니다. 이것이 예루살렘 성벽이 52일 만에 재건될 수 있었던 이유입니다. 교회도 마찬가지입니다. 성도 모두가 자신이 할 수 있는 일을 찾아 능동적으로 섬기면, 교회는 부흥될 것이라 믿습니다.

그럼 내가 잘할 수 있는 일은 무엇일까요? 내가 잘할 수 있는 일에 따라오는 것이 있습니다. 바로 관심입니다.

부유하게 사는 한 집사님이 하루는 화가 머리끝까지 나서 담임 목사님을 찾아왔습니다. 찾아와서 하는 말이, 한 달 전쯤부터 화장실 구석에 청소 도구가 방치되어 있어 자기가 눈여겨보았는데 한 달 동안 제자리에 가져다 놓는 사람이 없었다며, 교회가 이래서야 되겠느냐고 물었습니다. 이야기를 들은 목사님은 이렇게 말했습니다.

"집사님, 왜 하나님은 한 달 동안 아무도 보지 못한 것을 집사님에게만 계속 보여 주신 걸까요? 하나님은 집사님이 청소 도구 치우는 일을 잘할 수 있다고 생각하셨기 때문이 아닐까요?"

이 말을 들은 집사님은 회개한 후 기쁨으로 이 일을 아주 잘 감당했다고 합니다.

내가 할 수 있는 일, 내가 잘할 수 있는 일, 하나님이 관심 갖게 하셔서 내가 해야 하는 일, 이 일을 찾아 오늘부터 시작하십시오. 지금까지 교회를 보며 안타까운 마음이 드는 부분이 있었다면, 그 섬김을 오늘 당장 시작하십시오. 그럴 때 교회 안에 예루살렘에서 일어나고 있는 기적과 같은 일들이 넘쳐날 것입니다.

진심으로 칭찬하고, 격려하십시오

"그다음은 여리고 사람들이 건축하였고 또 그다음은 이므리의 아들 삭굴이 건축하였으며"(느 3:2).

느헤미야는 3장 전체에서 자신과 함께하는 사람들의 이름을 불러 줍니다. 그 이유가 무엇일까요? 그것은 격려하기 위해서입니다.

사람은 누구나 격려 받지 못하면 어떤 일에 지속적으로 헌신하기가 쉽지 않습니다. 격려의 반대는 무엇입니까? 낙심입니다. 격려를 받으면 용기가 납니다. 반대로 격려 받지 못하면 용기가 나지 않습니다. 의욕이 사라집니다. 그래서 히브리서 10장 24절은 우리에게, "서로 돌아보아 사랑과 선행을 격려하며"라고 말씀한 것입니다.

2014년 말, 하와이에서 다시 임지 발령을 받아 시카고에 있는 교회를 섬기게 되었습니다. 교회에 가 보니 교회 학교가 없었습니다. 교회 학교가 없다는 것은 미래가 없다는 것 아닙니까? 그래서 당회에서 교회 학교를 다시 시작하기 위한 회의가 열렸습니다. 그런데 그 자리에서 장로님들이 다 우셨습니다.

"목사님, 그렇게만 된다면 얼마나 좋겠습니까? 우리 교회에서 아이들의 예배가 다시 드려질 수 있다면, 우리 교회 마당에서 아이들 뛰어노는 소리를 다시 들을 수만 있다면 저희는 죽어도 여한이 없겠습니다."

그렇게 시카고 교회에 다시 교회 학교가 시작되었습니다. 학생은 두 명이었습니다. 그중에 한 명은 제 딸이었습니다. 저는 교회에서 사례비를 받지 못했지만, 아이들을 향해서는 전폭적으로 지원했습니다. 당시에 매월 아이 한 명당 100달러씩을 책정해서 아낌없이 지원했습니다. 그리고 청년들이 나서서 교회 학교를 시작하게 되었습니다.

시카고 교회를 섬기는 동안 잊히지 않는 모습들이 있습니다. 그중 하나가 어른들이 교회에서 아이들이 뛰어노는 모습을 보면서 참 흐뭇해하시던 모습입니다. 심지어 당회 도중 아이들이 당회실 문을 열고 들어와 장로님들에게 안길 때면, 당회를 잠시 멈춘 후 아이들을 안아 주고 격려해 주고 칭찬하면서 등 두들겨 주곤 하셨습니다.

한번은 이렇게 여쭸던 기억이 납니다.

"불편하시면 당회할 때 아이들이 들어오지 못하도록 문을 잠그는 것은 어떨까요?"

그때 장로님들이 이런 말씀을 해 주셨습니다.

"목사님, 그런 말씀 마세요. 저 아이들이 제가 평생 섬겨 온 이 교회, 제가 죽어 천국 간 다음 이 교회를 이어받아 섬겨야 할 아이들 아닙니까? 저희는 저 아이들이 우리 교회에 있는 것이 하나님에게 얼마나 감사한지 모릅니다."

이렇게 진심으로 사랑하고 칭찬하고 격려해 주니 아이들이 교회에 오는 것을 재미있어 했습니다. 제가 시카고 교회를 떠날 때는 여섯 명의 학생이 출석했으니, 시카고 교회의 교회 학교는 600퍼센트의 부흥을 이룬 것입니다.

첫 선교지인 하와이에 도착해 보니 다툼이 있었는데, 그중에는 세대 간의 갈등으로 인한 다툼도 있었습니다. 어른들은 청년들을 보며, 교회 와서 일은 안 하고 밥만 먹고 노래만 부르는 베짱이 같은 것들이라고 비난했고, 청년들은 어른들이 맨날 교회에 모여 싸움박질만 한다고 비난했습니다.

저는 이들에게 한 가지 제안을 했습니다. 어른들에게는, 청년 및 교회 학교 아이들을 보면 무조건 안아 주고, 등 두드리며 칭찬하고 격려해 줄 것을 제안했고, 청년 및 교회 학교 학생들에게는, 그들이 지금 이 교회에 다닐 수 있는 것은 어른들이 눈물 흘리며 이 교회를 지켜 오셨기 때문이니 어른들을 보면 무조건 존경할 것을 제안한 것입니다. 그러면서 함께 예배하고 기도하는 시간을 많이 가졌습니다.

그러던 중 하와이 교회가 창립 12주년이 되던 해에 교회 청년들을 아프리카 케냐로 단기 선교를 보내게 되었습니다. 청년들이 선교를 떠나기 전 주 금요일에 단기 선교 팀 후원 예배를 드렸는데, 교회 1세대 성도님들이 거의 다 와 주셨습니다. 그날 많은 성도님들이 눈물을 흘리며 고백했던 말들이 기억납니다.

"목사님, 드디어 우리 교회가 물질만 보내던 교회에서 사람을 보내는 교회가 되었습니다. 너무 감격스럽습니다. 우리는 나이 먹어 못 가지만, 늘 소원하던 이 일을 우리 청년들이 이루어 주어 너무 감사합니다."

그날 저녁에 나온 헌금은 전액 단기 선교 팀을 후원하기로 했는데, 무려 1천만 원이 나왔습니다. 크지 않은 교회였지만, 모든 세대가 하나 되고 교회가 하나 되니, 하나님의 선한 일이 일어나게 된 것입니다. 헌금 액수를 확인한 후 적당히 후원한다고 이야기할 걸 그랬나 싶은 생각도 들었지만, 동시에 마음 한편이 뭉클해지는 저녁이었습니다.

이 장의 내용을 정리하며 묵상하는 내내 예수님이 생각났습니다. 하나님의 아들이신 그분이 우리와 함께하기 위해 이 땅에 오셨습니다. 높으신 그분이 한없이 낮은 사람의 자리, 마구간 말구유 위에서 태어나셨습니다. 그리고 예수님은 사랑으로 우리를 살리기 위해 십자가를 마다하지 않으셨습니다.

이 은혜로 우리가 살아날 수 있었습니다. 이 은혜로 우리가 예수님을 믿고 살아갈 수 있게 되었습니다. 이 은혜로 하나님과 우리의 관계가 회복될 수 있었습니다. 이 은혜로 우리는 하나님과 동행하는 삶을 살아가게 되었습니다.

예수님은 오늘도 넘어지고, 쓰러지고, 깨지고, 아픈 삶을 살아가는 우리를 향해 말씀하십니다.

"내가 너를 사랑한다."

"내가 너를 기대한다."

"너는 할 수 있다."

우리를 칭찬하고 격려하는 그분이 계시기에, 우리는 오늘이라는 이 하루를 다시 힘차게 시작할 수 있다고 믿습니다.

1. 신앙의 여정은 혼자 가는 길이 아니기에 느헤미야는 혼자 일하지 않았습니다. 동역자들과 함께 하나님의 일을 이루었습니다. 당신은 삶의 자리에서 느헤미야와 같은 역할을 감당하고 있습니까? 또한 함께 걸어갈 동역자들이 있습니까?

_____

_____

_____

_____

2. 하나님은 각자에게 다른 달란트를 선물로 주셨습니다. 때문에 우리는 서로 다른 달란트를 보며 질투 또는 좌절할 필요가 없습니다. 하나님이 당신에게 주신 달란트는 무엇입니까? 그 달란트로 공동체에서 할 수 있는 일은 무엇입니까?

_____

_____

_____

_____

3. 칭찬은 고래도 춤추게 한다고 합니다. 당신은 함께 신앙생활하는 공동체 사람들에게 얼마나 자주 격려의 말과 칭찬의 말과 축복의 말을 하고 있습니까?

_____

_____

_____

_____

4. 하나님의 일을 감당할 때는 반드시 그것을 방해하는 세력들이 존재하기 마련입니다. 당신의 반대 세력인 산발랏과 도비야와 게셈은 무엇입니까? 또한 이때 하나님이 당신에게 요구하시는 것은 무엇입니까? 주저앉음입니까, 아니면 믿음의 전진입니까?

_____

_____

_____

_____

흔들림
없이(1) 느 4:1-6

사탄은 상황을 흔들지만,
하나님은 중심을 붙드신다

우리는 수준 높은 행동으로
차원 높은 하나님의 은혜를 경험할 수
있어야 합니다. 믿음으로 주님을 바라볼 때,
우리는 수준 높은 행동을 할 수 있고,
차원 높은 하나님의 은혜를
경험할 수 있습니다.

앞선 장에서 우리는 꿈을 꾸고 철저히 준비해서 함께 일어난 사람들에 대해 살펴보았습니다. 함께 일어난 사람들은 모두 마음을 쏟아 140여 년 동안 무너진 채 방치되어 있던 예루살렘 성벽과 불타 없어진 성문들을 만들어 다는 일을 시작했습니다.

그런데 한참 성벽을 쌓아올리고 있을 때, 그들이 하는 일을 흔들고 중단시키려는 훼방꾼들이 나타났습니다. 그들의 목적은 단하나, 예루살렘 성벽의 재건을 막는 것이었습니다. 예루살렘 성의 불타 없어진 성문들이 다시 세워지는 것을 막는 것이었습니다. 하나님의 일을 중단시키는 것이었습니다. 이럴 때 우리는 어떻게 해야 흔들림 없이 하나님의 일을, 하나님의 꿈을 이루어 갈 수 있을까요?

믿음으로 주님을 바라보십시오

"산발랏이 우리가 성을 건축한다 함을 듣고 크게 분노하여 유다 사람들을 비웃으며"(느 4:1).

본문을 보면 2장 후반부에 등장했던 산발랏과 도비야가 다시 등장합니다. 그들은 유대인들이 마음을 쏟아 하나님의 일을 하는 것을 보며, 하나님의 꿈이 이루어져 가는 것을 보며 분노했습니다. 이것이 그들이 지금 군대를 이끌고 와 비웃고 조롱하는 이유입니다. 그들이 그렇게 하는 목적은 단 하나입니다. 공사를 중단시키는 것입니다. 하나님의 꿈이 이루어지는 이 일을 중단시키는 것입니다.

그들이 비웃고 조롱하는 내용은 이렇습니다.

"자기 형제들과 사마리아 군대 앞에서 일러 말하되 이 미약한 유다 사람들이 하는 일이 무엇인가, 스스로 견고하게 하려는가, 제사를 드리려는가, 하루에 일을 마치려는가 불탄 돌을 흙무더기에서 다시 일으키려는가 하고 암몬 사람 도비야는 곁에 있다가 이르되 그들이 건축하는 돌 성벽은 여우가 올라가도 곧 무너지리라 하더라"(느 4:2-3).

지금 찾아와 비웃고 조롱하는 산발랏과 도비야는 어떤 사람들입니까? 예루살렘과 이웃한 도시의 총독들입니다. 사실 모르는 사람이 지나가면서 비웃고 조롱하는 말을 하는 것이라면 무시할 수 있습니다. 그런데 산발랏과 도비야는 모르는 사람이 아니었습니다. 그들은 특별히 예루살렘 성에 사는 사람들이 어떤 고난과 어려움을 겪고 있었는지, 누구보다 가까이서 보고 알던 사람들이었습니다.

우리도 이런 사람들을 만날 때가 있습니다. 그럴 때 많은 사람들이 그 비웃음에 마음이 상하고 흔들려 믿음의 발걸음을 멈춰 섭니다. 하지만 기억하십시오. 우리를 흔들어 믿음의 발걸음을 멈춰 세우는 것, 이것이 마귀의 목적입니다.

그럼 어떻게 해야 흔들리지 않을 수 있을까요? 어떻게 해야 하나님의 일이 중단되지 않을 수 있을까요? 믿음으로 주님을 바라봐야 합니다.

고린도후서 5장 7절은 말씀합니다.

"이는 우리가 믿음으로 행하고 보는 것으로 행하지 아니함이로라."

때로 산발랏과 도비야가 군대를 끌고 온 것처럼, 마귀가 눈에 보이는 위협으로 우리를 흔들려고 할 때가 있습니다. 때로 산발랏과 도비야가 비웃고 조롱한 것처럼, 마귀가 귀에 들리는 말로 우리를 흔들려고 할 때가 있습니다. 그럴 때 우리는 믿음으로 주님을 바라볼 수 있어야 합니다.

"눈을 들어 주를 보라. 네 모든 염려 주께 맡겨라. 슬플 때에 주님의 얼굴 보라. 사랑의 주님, 안식 주리라"(〈괴로울 때 주님의 얼굴 보라〉).

분노해서 좋지 않은 말을 내뱉는 사람들을 보지 마십시오. 상황에 주눅들지도 마십시오. 그런 사람들로 인해 마음 흔들리지 말고, 믿음의 눈을 들어 하나님을 바라보십시오.

수준 높게 행동하십시오

산발랏과 도비야의 비웃고 조롱하는 말은 참으로 저열하기 짝이 없습니다. 그들이 하는 말을 가만 보면 수준이 낮아도 그렇게 낮을 수가 없습니다. '말이면 단 줄 알아' 하고 피가 거꾸로 솟게 만드는, 듣는 사람의 전투력을 상승시키는 말입니다. 한번 해보자는 것입니다.

살다 보면 산발랏과 도비야같이 저열한 싸움을 걸어 오는 사람들을 만날 때가 있습니다. 저는 개인적으로 이런 사람들을 영적 장애물이라고 부릅니다. 이런 영적 장애물이 저에게만 있을까요?

성경을 보십시오. 아담과 하와에게는 뱀이 있었고, 모세에게는 바로가 있었고, 다윗에게는 골리앗과 사울 왕이 있었고, 예수님에게는 헤롯 왕과 바리새인들이 있었고, 느헤미야에게는 산발랏과 도비야가 있었습니다. 그럼 이 영적 장애물을, 우리의 산발랏과 도비야를 어떻게 해야 할까요? 눈에는 눈, 이에는 이, 똑같이 되갚아 줘야 할까요?

언젠가 한 정치인이 한 말이 저의 흥미를 유발했습니다.

"양반을 상대할 때는 내가 정승이 되어야 하고, 상놈을 상대할 때는 내가 백정이 되어야 한다."

세상에서는 통하는 말일지도 모릅니다. 그런데 우리는 그냥 세상을 살아가는 사람들이 아닙니다. 그리스도인으로 세상을 살아가는 사람들입니다. 그렇다면 우리는 그들과는 달라야 할 것입니다.

성경을 보십시오. 느헤미야는 산발랏과 도비야에게 일절 대꾸하지 않고, 하나님에게 기도하기 시작합니다. 느헤미야가 힘이 없어서 기도한 것입니까? 그렇지 않습니다. 느헤미야로 말할 것 같으면, 그는 전직 왕의 술 관원이자 현직 유다 총독입니다. 그의 곁에는 수산궁을 떠나올 때부터 그를 호위하고 지켜 주었던 바사의 군대가 주둔하고 있었습니다. 산발랏과 도비야의 군대가 지방 군대였다면, 느헤미야를 지키는 군대는 중앙군이었던 것입니다. 진짜로 붙으면 느헤미야가 이길 수 있었습니다. 그럼에도 불구하고 느헤미야는 기도합니다.

그런데 느헤미야의 기도를 들어 보니 그 내용이 또 기가 막힙니다. 어떤 기도입니까?

"우리 하나님이여 들으시옵소서 우리가 업신여김을 당하나이다 원하건대 그들이 욕하는 것을 자기들의 머리에 돌리사 노략거리가 되어 이방에 사로잡히게 하시고 주 앞에서 그들의 악을 덮어 두지 마시며 그들의 죄를 도말하지 마옵소서 그들이 건축하는 자 앞에서 주를 노하시게 하였음이니이다 하고"(느 4:4-5).

우리는 성경을 굉장히 점잖게 읽는 경향이 있는데, 위의 내용에 리얼리티를 더하면 굉장히 과격한 기도가 되지 않겠습니까? 한 청년이 이런 과격한 기도에 의문을 품었습니다.

"하나님은 사랑이시고 예수님은 원수도 사랑하라고 가르치셨는데, 이런 기도를 정말 기도라고 할 수 있습니까?"

특별히 이 청년은 사람들이 아름답다고 말하는 시편을 읽으면서 충격을 받았습니다. 그중 첫 번째로 충격을 받은 곳이 바로 시편 3편 7절이었습니다.

"여호와여 일어나소서 나의 하나님이여 나를 구원하소서 주께서 나의 모든 원수의 뺨을 치시며 악인의 이를 꺾으셨나이다."

이 질문을 가지고 기도하며 말씀을 묵상하던 중, 이 청년은 두 가지 사실을 깨닫게 되었음을 고백합니다. 첫째, 성경은 사람의 감정에 솔직한 책이라는 것이었고, 둘째, 하나님은 이런 솔직한 감정을 받아 주시는, 마음이 넓은 분이시라는 것이었습니다. 이 청년이 바로 C. S. 루이스(Lewis)였습니다.

산발랏과 도비야의 뒤에 사마리아의 군대가 있었다면, 느헤미야의 뒤에는 하나님이 계셨음을 기억하십시오. 우리 하나님이 산발랏과 도비야보다 더 높고 위대한 분임을 믿으십시오.

로마서 12장 19-21절은 말씀합니다.

"내 사랑하는 자들아 너희가 친히 원수를 갚지 말고 하나님의 진노하심에 맡기라 기록되었으되 원수 갚는 것이 내게 있으니 내가 갚으리라고 주께서 말씀하시니라 네 원수가 주리거든 먹이고 목마르거든 마시게 하라 그리함으로 네가 숯불을 그 머리에 쌓아 놓으리라 악에게 지지 말고 선으로 악을 이기라."

산발랏과 도비야 같은 사람들이 하나님의 일을 하는 우리를 비웃고 조롱할 때, 그래서 하나님의 일을 멈춰 세우려고 할 때, 하나님에게 이르십시오. 하나님에게 고자질하십시오. '미운 자식 떡 하나 더 준다' 하며 그들을 선대하십시오. 하나님이 듣고 우리 대신 해결해 주실 것입니다. 우리는 수준 높은 행동으로 차원 높은 하나님의 은혜를 경험할 수 있어야 합니다. 믿음으로 주님을 바라볼 때, 우리는 수준 높은 행동을 할 수 있고, 차원 높은 하나님의 은혜를 경험할 수 있습니다.

마음을 들일 일에 힘을 쏟으십시오

느헤미야와 그와 함께 일어선 사람들이 누린 차원 높은 하나님의 은혜는 무엇입니까? 새 힘을 얻은 것입니다.

"이에 우리가 성을 건축하여 전부가 연결되고 높이가 절반에 이르렀으니 이는 백성이 마음 들여 일을 하였음이니라"(느 4:6).

그들의 하나 됨은 흔들리지 않았습니다. 계속해서 하나님의 꿈이 이루어져 가고 있습니다. 끊어졌던 성벽이 하나로 연결되기 시작했습니다. 불가능할 줄 알았던 일이 이루어지는, 하나님이 함께하시는 역사를 경험하는 은혜를 누리기 시작한 것입니다.

교회마다 이런 사람들이 넘쳐나야 합니다. 그러기 위해서는 믿음으로 영적인 장애물을 넘어서야 합니다. 그리고 수준 높은 신앙생활을 통해 차원 높은 하나님의 은혜를 누리며 살아가야 합니다.

우리에게 중요한 것은 사마리아 군대가 아닙니다. 우리에게 중요한 것은 산발랏과 도비야의 비웃음과 조롱이 아닙니다. 우리에게 중요한 것은 하나님의 생각입니다. 하나님의 마음입니다. 우리가 하나님의 생각과 마음을 알 때, 흔들리지 않을 수 있기 때문입니다. 우리가 마음을 들여야 할 것은 바로 이것입니다.

하나님의 생각과 마음을 알 수 있는 유일한 방법은, 말씀을 붙들고 기도의 자리로 나아가는 것입니다. 또는 우리의 마음 그대로를 주님에게 내어 드리는 것입니다. 그래도 되냐고요? 그래도 됩니다. 왜냐하면 하나님은 우리의 모습 그대로를 사랑하시기 때문입니다. 하나님이 그러실 수 있는 이유는, 하나님이 우리의 아버지이시기 때문입니다. 기도하면 하나님이 우리에게 새 힘을 주십니다.

성경을 보십시오. 느헤미야와 그와 함께 일어선 사람들은 조금의 흔들림도 없이 그들이 마음 들여 해야 할 일을 했다고 말씀합니다. 그들의 공사 속도는 조금도 느려지지 않았습니다. 사마리아 군대의 위협과 산발랏과 도비야의 비웃음과 조롱 속에서도 예루살렘 성벽의 재건 공사가 절반 넘게 진행되고 있음을 성경은 우리에게 말씀합니다.

이러한 기적의 역사가 우리의 삶에 나타나야 합니다. 엉뚱한 데 마음 쏟지 말고, 마음을 들여야 할 곳에 마음을 쏟아 내십시오.

● **적용 질문**

1. 하나님의 일은 주변의 말에 귀를 기울이는 것이 아니라, 하나님의 말씀에 귀를 기울이는 것입니다. 당신은 환경에 귀를 기울이고 있습니까, 아니면 하나님의 말씀에 귀를 기울이고 있습니까?

_____

_____

_____

_____

2. 신앙의 길을 반대하는 사람을 만났을 때 당신은 어떻게 대처하고 있습니까? 세상의 방법으로 분노하며 다투고 있습니까, 아니면 신앙인답게 기도하고 있습니까?

_____

_____

_____

_____

3. 느헤미야는 온전히 하나님의 일에 마음을 두었고, 마음을 들여 살았습니다. 당신은 무엇에 마음을 들여 살고 있습니까? 어디에 마음을 들여 살고 있습니까?

_____

_____

_____

_____

4. 위기에서 사람의 본성이 나온다고 합니다. 삶의 위기를 맞이했을 때 당신의 마음 상태는 어떠합니까?

_____

_____

_____

_____

5

흔들림 없이(2) _{느 4:7-14}

기도로 버티는 자를
하나님은 은혜로 지키신다

우리가 믿음으로 버텨 서며
의지해야 할 분은 누구실까요?
우리가 인생의 당황스러운 날 동안
의지하고 바라봐야 할 분은 누구실까요?
바로 하나님 아버지이십니다.
오늘 우리가 바라봐야 할 분을 기억하십시오.
그리고 의지하십시오.

살다 보면 우리는 삶과 가정, 직장생활과 사업 및 신앙생활을 하며 피로 사신 교회를 흔드는 사람들, 또 흔들리게 하는 일들을 만날 때가 있습니다. 그럴 때 우리가 해야 할 일은, 흔들림 없이 믿음으로 주님을 바라보고, 수준 높게 행동하며, 마음을 들일 일에 힘을 쓰는 것입니다. 이렇게 흔들림 없이 주님이 맡겨 주신 삶을 살아가면 느헤미야 4장 6절에서 일어난 놀라운 하나님의 일들을 우리도 보고 경험하게 해 주실 것입니다.

"이에 우리가 성을 건축하여 전부가 연결되고 높이가 절반에 이르렀으니 이는 백성이 마음 들여 일을 하였음이니라."

이쯤 버텼으면, 이제는 웬만한 일에는 흔들리지 않을 것 같습니다. 그런데 정말 그럴까요?

언젠가 치과 치료 전에 신경 치료를 위해 마취를 하는데 의사 선생님이 이런 말씀을 하셨습니다.

"선생님은 치료 경험이 많으니, 이 정도는 아프지 않으시겠죠?"

당신은 이 의사 선생님 말씀에 동의할 수 있습니까? 제가 아플까요, 아프지 않을까요? 저는 의사 선생님에게 이렇게 말씀드렸습니다.

"선생님, 바늘에 많이 찔려 봤다고 안 아픈 것은 아니잖아요?"

우리 또한 신앙생활 오래 하고 리더십에 오른 사람들을 보면서 이런 생각을 할 때가 있지 않습니까? '저 자리에 오르기까지 받은 훈련이 얼만데, 설마 이런 일로 믿음이 흔들리겠어?' 믿음이 흔들릴까요, 흔들리지 않을까요?

살다 보면 절대로 익숙해지지 않는 사람이, 그런 일들이 있습니다. 예루살렘 성벽을 재건하던 이스라엘 백성도 그랬습니다. 우리는 어떻게 해야 이런 사람, 이런 일에 흔들리지 않고 하나님의 꿈을 이루어 드리는 삶을 살아갈 수 있을까요?

적의 정체를 알고, 기도로 버텨 서십시오

"산발랏과 도비야와 아라비아 사람들과 암몬 사람들과 아스돗 사람들이 예루살렘 성이 중수되어 그 허물어진 틈이 메워져 간다 함을 듣고 심히 분노하여"(느 4:7).

산발랏과 도비야. 이쯤 되면 이 두 사람의 이름이 막 외워지려 하지 않습니까? 이들은 변덕스러운 사람들이 아닙니다. 이들은 매우 일관된 사람들입니다. 처음부터 끝까지 화가 나 있지 않습니까?

산발랏과 도비야가 느헤미야를 그리고 함께 일어서서 예루살렘 성벽을 재건하는 사람들의 마음을 흔들고 있습니다. 이번이 벌써 세 번째입니다. 이쯤에서 포기하면 얼마나 좋겠습니까? 그런데 이들은 포기하는 대신 느헤미야와 함께 일하는 사람들을 한번 더 뒤흔듭니다.

여기서 우리가 주의 깊게 보아야 할 단어가 하나 있는데, 바로 '꾀하다'라는 단어입니다.

"다 함께 꾀하기를 예루살렘으로 가서 치고 그곳을 요란하게 하자 하기로"(느 4:8).

지금 산발랏과 도비야가 무엇을 하고 있습니까? 그들은 지금 꾀하고 있습니다. 영어 성경은 '꾀하다'라는 단어를 'plot'이라는 단어로 표현합니다. Plot은 우리말로 '줄거리, 구성, 계획'으로 번역되는 단어입니다.

산발랏과 도비야가 계속 화를 내니까 원래 그런 사람들이겠거니 생각하고 이제 그만 무시하려 했다면 생각을 바꾸어야 합니다. 그들이 하고 있는 말과 행동은 굉장히 계획적이고 계산된 것이기 때문입니다. 산발랏과 도비야로부터 들려오는 말과 보이는 행동에 흔들리지 않으려면, 우리는 그들이 어떤 부류의 사람들인지를 꿰뚫어 볼 수 있어야 합니다.

그들은 호락호락한 사람들이 아닙니다. 그들은 사실 느헤미야 2장부터 줄기차게 느헤미야와 그와 함께 일어난 사람들을 공격해 왔습니다. 그들은 지금까지 공격해 왔고, 앞으로도 공격할 것입니다. 언제까지 공격할까요? 우리가 지쳐 쓰러질 때까지, 우리의 기도가 멈춰 설 때까지, 우리의 손이 멈춰 설 때까지, 그래서 하나님의 일이 멈춰 설 때까지 계속될 것입니다.

그렇다면 산발랏과 도비야는 예루살렘 성벽이 재건되는 것을 왜 이렇게 싫어하는 것일까요? 성경에 기록되어 있지는 않지만, 정황상 그들이 예루살렘에 살던 사람들의 것을 빼앗고 훔치던 무리와 관계가 있지 않았을까 하는 가정을 세워 본다면 그들의 행동을 조금은 더 이해할 수 있지 않을까 생각합니다. 이런 가정을 놓고 본다면, 산발랏과 도비야는 빼앗는 자들, 곧 도둑들의 우두머리였을 수 있는 것입니다. 그리고 예수님은 이런 도둑들의 목적에 대해서 이렇게 말씀하셨습니다.

"도둑이 오는 것은 도둑질하고 죽이고 멸망시키려는 것뿐이요 내가 온 것은 양으로 생명을 얻게 하고 더 풍성히 얻게 하려는 것이라"(요 10:10).

코로나19로 인해 지금 교회에 일어나고 있는 일들을 보십시오. 코로나19를 상대하기에도 바쁜데, 산발랏과 도비야와 같은 사람들이, 또 그런 상황들이 코로나19를 이용해 우리의 삶을, 우리의 교회를 마구 흔들고 있지 않습니까? 이 흔듦이 쉽게 끝날 것이라고 생각하지 마십시오. 지금 우리가 상대하는 적은 끈질기기가 고래 심줄 같은 존재들이기 때문입니다.

그렇다면 이런 적을 상대하는 우리는 어떻게 해야 할까요? 느헤미야와 그와 함께한 사람들은 무엇을, 어떻게 하고 있습니까?

"우리가 우리 하나님께 기도하며 그들로 말미암아 파수꾼을 두어 주야로 방비하는데"(느 4:9).

느헤미야와 그와 함께 일어선 사람들은 기도하며 파수꾼들을 세워 지켰습니다.

예루살렘 성에 살던 사람들은 빼앗기고, 또 빼앗기는 삶을 살아온 이들이었습니다. 그들은 빼앗기는 것에 익숙했지만, 동시에 빼앗기는 것으로 인한 심각한 트라우마(trauma)도 가지고 있었을 것입니다. 그러나 이런 상처 가운데서도 그들은 성벽 재건 공사가 50퍼센트를 넘어설 때까지 버텨 냈습니다. 그들이 그럴 수 있었던 또 한 가지 이유는, 적이 공격하는 이유와 목적을 알고 기도하며 밤낮으로 이 위협과 담대하게 마주할 수 있는 파수꾼들을 세웠기 때문입니다.

우리는 기도하는 사람이 되어야 합니다. 그런 사람이 산발랏과 도비야로 인한 위기와 마주해 가정을 지켜 낼 수 있는 것입니다. 그런 사람이 산발랏과 도비야로 인한 위기와 마주해 교회 공동체를 지켜 낼 수 있는 것입니다. 우리는 이 싸움에서 반드시 이기고 승리할 수 있어야 합니다. 적의 정체와 그들이 우리를 흔드는 이유와 목적을 알면, 우리도 느헤미야와 그와 함께한 사람들처럼 흔들리지 않고 기도하며 버텨 서서 하나님의 꿈을 이루어 드리는 교회와 성도의 삶을 살아갈 수 있도록 하나님이 도와주실 것입니다.

성경은 산발랏과 도비야의 작전에 휩쓸리지 않고 성벽 재건 공사가 50퍼센트 이상 진행되자 그들이 '더, 심히 분노했다'고 말씀합니다. 그럴 때, 이쯤 되면 그만 포기할 만한데 적이 만만치 않을 거라 생각은 했지만 이 정도일 줄은 몰랐을 때, 우리는 버티며 기도해 왔음에도 불구하고 당황하기 시작합니다. 그런데 이런 당황스러운 일을 우리만 겪는 것일까요? 그렇지 않습니다. 이와 비슷한 일이 열왕기상 18-19장에도 기록되어 있습니다.

내용은 이렇습니다. 엘리야가 아합의 아내 이세벨이 가지고 들어온 이방 신인 바알을 섬기는 선지자들과 450:1로 싸웠습니다. 이것은 눈에 보이는 싸움이기도 했지만, 동시에 영적인 싸움이었습니다. 엘리야는 다투는 것보다 기도를 선택했고, 승리했습니다.

이쯤 되면 이세벨도 그만해야 합니다. 하나님 앞에 무릎 꿇고 회개해야 합니다. 엘리야는 이세벨이 그럴 줄 알았습니다. 그런데 그렇지가 않았습니다. 성경은 이세벨이 '더 분노했다'고 말씀합니다. 그때 엘리야는 침착함을 잃어버리고 당황하기 시작합니다. 그리고 그는 도망치기 시작했습니다.

우리에게도 그럴 때가 있지 않습니까? 그럴 때 우리는 어떻게 해야 할까요? 먼저, 당황해서는 안 됩니다. 왜 그렇습니까? 당황하면 도망치게 되기 때문입니다. 하나님의 일이 중단되기 때문입니다. 어떤 순간에도 믿음으로 기도하며 버텨 서십시오. 우리가 지나가고 있는 지금 이 순간도 믿음으로 기도하며 버텨 내야 할 때입니다.

사실 버티는 것은 쉽지 않습니다. 본문을 보십시오. 힘이 날 일이 없습니다. 그들은 중동의 작열하는 태양 빛에 지쳤습니다. 일이 끝나면 잘 쉬어야 하는데 밤낮으로 파수꾼을 세웠으니 남아날 체력이 없었습니다. 게다가 이들의 원래 직업은 건축업이 아니었습니다. 한마디로 파김치(duck tired) 상태가 된 것입니다. 그런 그들이 지금 뭐라고 말하고 있습니까?

"유다 사람들은 이르기를 흙무더기가 아직도 많거늘 짐을 나르는 자의 힘이 다 빠졌으니 우리가 성을 건축하지 못하리라 하고"(느 4:10).

부정적이 되었습니다. 부정적이 되니까 부정적인 사람들이 몰려들기 시작합니다.

"우리의 원수들은 이르기를 그들이 알지 못하고 보지 못하는 사

이에 우리가 그들 가운데 달려 들어가서 살육하여 역사를 그치
게 하리라 하고 그 원수들의 근처에 거주하는 유다 사람들도 그
각처에서 와서 열 번이나 우리에게 말하기를 너희가 우리에게로
와야 하리라 하기로"(느 4:11-12).

"열 번 찍어 안 넘어가는 나무 없다"는 말처럼, 그들도 열 번이
나 산발랏과 도비야의 편에 설 것을 회유합니다. 상황이 이쯤 되
면 귀가 쫑긋해지지 않겠습니까?

마귀는 화만 내지 않습니다. 마귀는 무식하게 공격만 하지 않
습니다. 때로는 이렇게 회유를 하기도 합니다. 지금처럼 말입니
다. 그럴 때, 당황하지 말고 침착하십시오. 어떤 순간에도 침착하
십시오. 아프고 힘들지만, 그래서 눈물 나게 힘겨운 순간이지만,
가쁜 숨을 몰아쉴 수밖에 없는 상황이지만, 그래도 침착하십시오.
그러면 하나님이 지혜를 주셔서 이 순간, 이때를 버텨 설 뿐만 아
니라, 다시 한 번 이기고 승리하게 해 주실 것입니다.

이 순간 느헤미야가 백성에게 하는 말을 들어 보십시오.

"내가 성벽 뒤의 낮고 넓은 곳에 백성이 그들의 종족을 따라 칼과
창과 활을 가지고 서 있게 하고"(느 4:13).

느헤미야는 모든 곳을 방어하는 대신 성벽 뒤의 낮고 넓은 곳, 가장 효과적으로 수비를 펼칠 수 있는 곳을 찾아내 백성의 힘을 하나로 모으고 있습니다. 그는 어떻게 이렇게 할 수 있었을까요? 당황하는 대신 침착했기 때문입니다.

겁이 나는 순간, 살 떨리게 화가 나는 순간, 그 어떠한 순간에도 당황하지 말고 침착하십시오. 그렇게 할 때 하나님이 우리가 해야 할 일, 가야 할 길을 알려 주실 것입니다.

크고 놀라운 일을 행하실 하나님을 바라보십시오

"내가 돌아본 후에 일어나서 귀족들과 민장들과 남은 백성에게 말하기를 너희는 그들을 두려워하지 말고 지극히 크시고 두려우신 주를 기억하고 너희 형제와 자녀와 아내와 집을 위하여 싸우라 하였느니라"(느 4:14).

느헤미야는 그렇게 모인 백성을 향해 누구를 믿고 의지해야 할지를 기억하게 합니다. 그렇다면 이런 시절, 이런 때를 살아가는 우리는 누구를 믿고 의지해야 할까요? 크고 놀라운 일을 행하시는 하나님을 믿고 의지해야 합니다. 우리가 믿음으로 버텨 서며 의지해야 할 분은 누구실까요? 우리가 인생의 당황스러운 날 동안 의지하고 바라봐야 할 분은 누구실까요? 바로 하나님 아버지이십니다. 오늘 우리가 바라봐야 할 분을 기억하십시오. 그리고 의지하십시오.

네 줄짜리 바이올린 한 대로 1800년대 초에 전 유럽을 열광시킨 연주가가 있습니다. 그의 이름은 니콜로 파가니니(Niccolo Paganini)입니다.

그가 이탈리아 국립극장에서 연주를 하게 되었을 때의 이야기입니다. 그의 연주를 듣기 위해 찾아온 수많은 사람들로 인해 좌석은 이미 매진되었습니다. 드디어 그가 사람들의 박수 속에 무대 위로 올라왔습니다. 그리고 심호흡을 한 후 첫 번째 현에 활을 대고 막 연주를 시작하는데, 그만 줄이 끊어지고 말았습니다. 사람들은 깜짝 놀랐습니다. 그러나 파가니니는 다시 한 번 심호흡을 한 뒤 두 번째 현에 활을 갖다 대었습니다. 그런데 이게 웬일입니까? 두 번째 현도 탁한 소리와 함께 끊어지는 것이 아닙니까? 사람들이 술렁대기 시작했습니다. 그러나 파가니니는 아랑곳하지 않은 채 다시 한 번 심호흡을 하고 연주를 시작했습니다. 그러나 이번에도 현은 여지없이 끊어지고 말았습니다. 세 번째 현도 그렇게 끊어져 버린 것입니다. 이제 현은 한 줄밖에 남지 않았습니다. 이에 실망한 관객들은 자리에서 일어나 파가니니를 욕하고 비난하기 시작했습니다.

당신이라면 어떻게 하겠습니까? 스스로에게 실망해서 연주를 포기하겠습니까, 아니면 내 잘못이 아니라고 악기를 탓하며 변명하겠습니까?

파가니니는 어떻게 했을까요? 그는 사람들의 비난에 조금도 흔들리지 않고, 마지막 남은 한 줄의 현으로 연주를 시작했습니다. 그의 연주가 계속되자 비난하던 사람들의 소리가 작아지기 시작했습니다. 자리에서 일어나 있던 사람들이 하나둘씩 자리에 앉기 시작했습니다. 그리고 얼마의 시간이 지났을 때, 사람들의 눈에 눈물이 맺히기 시작했습니다. 그리고 다시 얼마의 시간이 지나고 그의 연주가 끝났을 때, 사람들은 자리에서 일어나 파가니니를 향해 감동의 박수를 쳤다고 합니다.

파가니니는 자신이 왜 그곳에 서 있는지를 알았습니다. 파가니니는 자신이 지금 그곳에서 해야 할 일이 무엇인지를 분명하게 알고 있었습니다. 그는 당황하지 않고 집중했습니다. 달리기를 하는 선수는 두리번거리면서 뛰지 않습니다. 그는 오직 목표만을 바라보며 달립니다.

사도 바울은 우리에게 이렇게 선언합니다.

"오직 성령이 각 성에서 내게 증언하여 결박과 환난이 나를 기다린다 하시나 내가 달려갈 길과 주 예수께 받은 사명 곧 하나님의 은혜의 복음을 증언하는 일을 마치려 함에는 나의 생명조차 조금도 귀한 것으로 여기지 아니하노라"(행 20:23-24).

사도 바울은 자신이 환난을 당할 것이라는 사실을 알고 있었습니다. 그럼에도 불구하고 그는 멈춰 서지 않았습니다. 지치지 않았습니다.

예수님도 그러셨습니다. 예수님도 알고 계셨습니다. 그러나 예수님은 멈춰 서지 않으셨습니다. 그분이 뭘 잘못해서 사람들의 비난을 받으셔야 했습니까? 예수님만큼 억울한 분이 또 어디 있습니까? 그러나 예수님은 끝까지 하나님이 당신에게 맡기신 십자가의 사명을 이루셨습니다. 집중력이 흐트러지지 않도록 기도하셨습니다. 땀이 피가 되어 배어나도록 간절히 기도하셨습니다. 인류 구원이라는 크고 놀라운 일을 행하실 하나님을 바라보신 것입니다.

우리는 우리가 상대하는 적의 정체를 알고, 기도로 버텨 서야 합니다. 어떤 순간에도 침착해야 합니다. 크고 놀라운 일을 행하실 하나님을 바라봐야 합니다. 하나님 말씀에 생명을 걸고, 주님에게 운명을 걸지 않겠습니까?

적의 정체와 그들이 우리를 흔드는 이유와 목적을 알면,
우리도 느헤미야와 그와 함께한 사람들처럼 흔들리지 않고
기도하며 버텨 서서 하나님의 꿈을 이루어 드리는
교회와 성도의 삶을 살아갈 수 있도록
하나님이 도와주실 것입니다.

1. 느헤미야는 산발랏을 비롯한 적대자들의 정체를 꿰뚫어 보고 기도
   하며 굳건하게 버텼습니다. 신앙 공동체 안에서 당신을 괴롭게 하는
   것은 무엇입니까? 당신은 그것들을 잘 파악하고 있습니까? 만약 그
   렇다면, 이 모든 것들의 해결책은 무엇입니까?

   _____

   _____

   _____

   _____

2. 사람은 가장 감정적인 동물이라고 합니다. 당신은 당신을 괴롭게 하
   는 이들을 향해 어떠한 대처를 하고 있습니까? 만약 감정이 앞서고
   있다면, 그 자리가 바로 기도의 자리가 되어야 하지 않을까요?

   _____

   _____

   _____

   _____

3. 인생은 무엇을 의지하고 살아가느냐에 따라 좌우됩니다. 당신이
   믿고 의지하는 대상은 무엇입니까? 돈입니까? 사람입니까? 권력
   입니까?

   _____

   _____

   _____

   _____

4. 당신의 삶을 지속적으로 흔드는 것은 무엇입니까?

   _____

   _____

   _____

   _____

6

목적에
끝까지
집중하라 느 6:1-14

**기준이 뚜렷할 때
목적이 또렷하다**

목적이 분명한 사람들에게는
공통점이 있습니다.
그들은 지금 해야 하는 일이 무엇인지를
정확하게 알고 행동한다는 것입니다.

앞 장에서 우리는 '꾀하다'(plot)라는 한 단어를 통해 산발랏과 도비야의 행동과 말이 굉장히 계획적이었음을 살펴본 바 있습니다. 성벽 재건을 하던 사람들은 이런 외부적인 요인들, 곧 산발랏과 도비야와 게셈의 조직적이고 계획적이며 끈질긴 방해로 지치고 부정적이 되기도 했습니다. 하지만 성벽 재건을 하던 사람들에게 이런 외부적인 어려움만 있었던 것은 아닙니다. 내부적으로도 힘들고 어려운 일들이 있었습니다.

느헤미야 5장을 살펴보진 않았지만, 그 안에 보면 산발랏과 도비야로 인한 외부적인 문제뿐 아니라 이스라엘 백성 내부에도 문제가 있었음을 알 수 있습니다. 이 내부의 문제는 세금 납부에 관한 것이었습니다.

예루살렘 주민들은 성벽 공사로 인해 생업에 전념할 수 없었고, 그로 인해 세금을 제때에 낼 수 없었습니다. 가뜩이나 도둑들의 약탈로 이전부터 세금 납부가 쉽지 않았던 예루살렘 주민들에게 성벽 재건이라는 미래를 향한 투자가 현실의 고통으로 이어지고 있었던 것입니다. 예루살렘 주민들은 세금을 내기 위해 그나마 남아 있던 소유를, 심지어 눈에 넣어도 아프지 않을 자식들마저 팔아야만 했습니다.

그런데 문제는 여기서 그치지 않습니다. 일부 관리들이 백성의 이러한 사정을 조금도 헤아리지 않은 채 세금을 징수했고, 세금을 내지 못해 맡긴 자녀들을 노예로 팔아 돈을 벌고 있었던 것입니다. 이 광경을 본 느헤미야와, 그와 함께 성벽 역사를 하던 사람들은 분노했습니다. 그들은 밖으로는 산발랏과 도비야와 게셈의 무리로 인해, 또 내부적으로는 관리들로 인해 내우외환(內憂外患)에 시달리고 있었습니다. 그런데 느헤미야 6장은 이런 상황 속에서도 성벽 재건 공사가 중단되지 않았고, 52일 만인 엘룰월 이십오 일에 이 공사가 끝이 났음을 알립니다(느 6:15).

어떻게 그럴 수 있었을까요? 꿈을 꾸고 철저히 준비한 느헤미야와 함께 일어섰기 때문에 상황에 흔들리지 않을 수 있었습니다. 무엇보다 그들이 그렇게 할 수 있도록 하나님의 선한 손이 도와주셨기 때문에 그들은 성벽 재건 공사를 무사히 마칠 수 있었습니다. 그리고 또 하나, 그들이 가진 목적이 뚜렷했기 때문에 그 목표를 이룰 수 있었습니다.

목적이 분명한 사람들에게는 공통점이 있습니다. 그들은 지금 해야 하는 일이 무엇인지를 정확하게 알고 행동한다는 것입니다.

우리는 지금 느헤미야 때와 같은 시대를 지나가고 있습니다. 눈물 나는 시절을 지나가고 있습니다. 분하고 억울한 일도 많습니다. 힘겹게 이루어 낸 모든 것들이 물거품처럼 사라질 위기에 처해 있습니다. 오늘날 교회에, 사업에, 직장에, 가정에 이런 위기가 있는 것을 봅니다. 그럴 때 우리는 무엇을, 어떻게 해야 할까요? 우리는 하나님이 하시는 말씀을 듣고 그 말씀을 기준 삼아 목표를 정해야 합니다. 그리고 오늘 우리에게 주어진 일을 해야 합니다. 그렇다면 지금 우리가 해야 할 일은 무엇일까요? 바로 하나님을 예배하는 것입니다.

교회 안에서만 예배하지 마십시오. 사업이 예배가 되고, 직장 생활이 예배가 되고, 우리의 가정이 예배가 되는 삶을 사십시오. 왜 그렇게 살아야 합니까? 느헤미야와 함께 일어서서 무너진 성벽을 다시 쌓아올리는 것, 그것이 그들의 예배였기 때문입니다. 이처럼 우리가 삶으로 하나님을 예배하면 하나님이 우리의 대적을 낙심시키시고, 그분의 꿈이 이루어지는 삶을 살아갈 수 있도록 역사해 주실 것입니다.

"우리의 모든 대적과 주위에 있는 이방 족속들이 이를 듣고 다 두
려워하여 크게 낙담하였으니 그들이 우리 하나님께서 이 역사를
이루신 것을 앎이니라"(느 6:16).

지금까지 왜 목표에 집중해야 하는지에 대해서 살펴보았다면,
이제부터는 어떻게 해야 흔들림 없이 하나님의 일에 끝까지 집중
할 수 있을지에 대해서 살펴보려 합니다.

불의한 타협을 거절해야 합니다

"산발랏과 게셈이 내게 사람을 보내어 이르기를 오라 우리가 오
노 평지 한 촌에서 서로 만나자 하니 실상은 나를 해하고자 함이
었더라"(느 6:2).

위의 말씀을 보면 산발랏과 게셈이 느헤미야를 오노 평지로 불
러내고 있습니다. 왜 불러내는 것일까요? 만나서 대화로 풀어 보
자는 것입니다. 타협을 시도하는 것입니다.

오노 평지는 얼핏 보면 산발랏의 사마리아와 도비야의 암몬 그리고 아라비아 사람 게셈이 영향력을 행사하던 지역과는 상관없는 곳인 듯 보입니다. 그럼에도 불구하고 이들은 왜 느헤미야를 오노 평지로 불러내는 것일까요? 느헤미야는 이렇게 말합니다.

"실상은 나를 해하고자 함이었더라"(느 6:2b).

사실 오노 평지는 느헤미야가 있던 예루살렘으로부터 약 60킬로미터 떨어진 곳에 위치한 곳입니다. 무슨 말입니까? 예루살렘으로부터 멀리 떨어진 곳, 곧 느헤미야의 안전이 보장되지 않는 곳이라는 말입니다. 마귀가 타협을 걸어 오는 장소는 언제나 오노 평지와 같은 곳임을 기억하십시오. 보호받을 수 없는 곳, 우리가 하나님을 떠나야 다다를 수 있는 곳, 그곳이 바로 오노 평지임을 기억하십시오.

산발랏과 게셈이 느헤미야에게 그리고 마귀가 우리에게 타협을 걸어 오는 이유는, 우리가 믿음으로 버티며 하나님이 맡겨 주신 일을 잘 감당해 왔기 때문입니다. 열심히 최선을 다해 살아왔기 때문입니다. 이런 마귀의 타협장은 아무나 받을 수 있는 것이 아닙니다. 신앙생활을 열심히 하는 사람만이 받을 수 있는 것입니다.

마귀로부터 이런 타협장을 받았습니까? 그렇다면 지금까지 그래 왔던 것처럼, 하나님이 주신 목표를 향해 흔들림 없는 믿음으로 전진해 나가십시오. 아멘은 하지만, 때로는 이 타협장이 너무나도 그럴듯해서 받을까 말까를 고민하는 순간이 있지 않습니까? 다시 한 번 힘주어 강조합니다. 그들이 우리를 불러내는 오노 평지는 보호받지 못하는 곳, 하나님을 떠나야 갈 수 있는 곳임을 기억하십시오.

그렇다면 느헤미야는 오노 평지로 갔을까요? 가지 않았습니다. 아래의 그의 대답이 우리의 대답이 되기를 바랍니다.

"내가 곧 그들에게 사자들을 보내어 이르기를 내가 이제 큰 역사를 하니 내려가지 못하겠노라 어찌하여 역사를 중지하게 하고 너희에게로 내려가겠느냐 하매"(느 6:3).

그러나 이 타협은 한 번에 멈춰 서지 않고, 무려 네 번이나 계속됩니다.

"그들이 네 번이나 이같이 내게 사람을 보내되 나는 꼭 같이 대답하였더니"(느 6:4).

성경에 보면 이러한 타협의 카드를 매일 받았던 한 사람을 만날 수 있습니다. 누구일까요? 바로 요셉입니다. 요셉은 형들로 인해 이집트에 노예로 팔려가 갖은 고생 끝에 바로의 친위대장인 보디발 집의 가정총무가 되었습니다. 그러던 어느 날, 보디발의 아내가 요셉을 유혹하기 시작했습니다. 한 번 유혹한 것이 아닙니다. 성경은 보디발의 아내가 요셉을 날마다 유혹했다고 말씀합니다.

"여인이 날마다 요셉에게 청하였으나 요셉이 듣지 아니하여 동침하지 아니할 뿐더러 함께 있지도 아니하니라"(창 39:10).

요셉은 보디발의 아내에게, 하나님 앞에서 죄를 지을 수 없다고 선언합니다. 그는 보디발의 아내와의 타협을 거절했습니다. 그녀의 유혹을 거절했습니다.

마귀는 우리에게 교회 다니지 말라고 말하지 않습니다. 예배드리지 말라고도 말하지 않습니다. 대신 너무 열심히 말씀 듣지 말라고 말합니다. 너무 열심히 찬송하지 말라고 말합니다. 너무 열심히 기도하지 말라고 말합니다. 이러한 타협의 카드를 내밀 때 우리는 어떻게 해야 할까요? 단호히 거절해야 합니다. 느헤미야처럼, 예수님처럼 그리고 요셉처럼 마귀의 타협장을 거절하고 믿

음으로 버텨 서서 목적에 끝까지 집중해, 마침내 하나님의 꿈이
이루어지는 영광의 날을 살아가야 합니다.

하나님의 음성을 들어야 합니다

"그 글에 이르기를 이방 중에도 소문이 있고 가스무도 말하기를
너와 유다 사람들이 모반하려 하여 성벽을 건축한다 하나니 네
가 그 말과 같이 왕이 되려 하는도다"(느 6:6).

한 어린아이가 하루는 엄마에게 이런 질문을 합니다.

"엄마, 도둑질과 잘못된 소문을 내는 것 중에 어느 것이 더 무
서운 죄예요?"

엄마가 한참을 생각하다가 이렇게 대답합니다.

"글쎄, 아마 도둑질이 더 무서운 죄겠지?"

그러자 아이가 이렇게 대답했다고 합니다.

"엄마, 그렇지 않은 것 같아요. 도둑질한 물건은 다시 돌려줄 수
있지만, 남에 대해서 잘못 말한 것은 다시 돌려줄 수 없잖아요?"

사람들이 모인 곳에는 소문이 있습니다. 교회도 마찬가지입니
다. 좋은 소문도 있고, 나쁜 소문도 있습니다.

산발랏과 게셈이 네 번이나 타협장을 보냈음에도 불구하고 느헤미야가 반응하지 않자, 이번에는 느헤미야에 대해 나쁜 소문을 퍼뜨리기 시작합니다. 그 방법은 이렇습니다. 다섯 번째 타협장을 봉투를 봉하지 않은 상태로 종자의 손에 들려 보냅니다.

"산발랏이 다섯 번째는 그 종자의 손에 봉하지 않은 편지를 들려 내게 보냈는데"(느 6:5).

왜 봉투를 봉하지 않은 것일까요? 이 종자가 봉투를 열고 그 안의 내용을 보고 싶게 하기 위해서 그렇게 한 것입니다. 이들의 치밀함을 보십시오. 그런데 아니나 다를까. 이 종자가 편지를 들고 가는데 내용이 궁금했습니다. 그래서 살짝 들여다봤는데, 그 안에 엄청난 내용이 들어 있었습니다.

"그 내용은 다음과 같았다. '너와 유다 사람들이 반란을 일으키려고 성벽을 재건한다는 소문이 이웃 나라에 파다하게 퍼지고 있으며 게셈도 그것이 사실이라고 말하고 있다. 더구나 이 소문에 의하면 네가 왕이 되려고 몇몇 예언자들을 앞세워 네가 유다 왕이 되었다는 소문을 예루살렘에 퍼뜨리게 했다는 것이다. 황제 폐하께서 이 소문을 곧 듣게 되실 것은 뻔한 일이다. 그러므로 너와 내가 조용히 만나서 이야기하자'"(느 6:6-7, 현대인의성경).

이 편지의 내용은 악의적이었습니다. 사실이 아니었습니다. 일
부러 이런 소문이 나게 하려고 편지를 봉하지 않고 보낸 것입니
다. 그런데 편지의 내용도 놀랍지만, 저는 성경을 읽으면서 느헤
미야에게 더 놀랐습니다. 느헤미야는 이런 소문에 꿈쩍도 안 하
고 있기 때문입니다. 느헤미야는 그들과 다투거나 싸우지 않았습
니다. 왜 이러냐며 만나서 이야기하자고 하지도 않았습니다. 오히
려 그는 그것이 거짓임을 단호하게 말했습니다.

"내가 사람을 보내어 그에게 이르기를 네가 말한바 이런 일은 없
는 일이요 네 마음에서 지어낸 것이라 하였나니"(느 6:8).

더 이상의 대화는 없었습니다. 사실이 아닌 일로 계속 말해 봐
야 결코 문제는 해결되지 않습니다. 그때 느헤미야는 진실규명
위원회를 여는 대신, 삼자대면을 하는 대신 하나님에게 기도하기
시작했습니다. 왜냐하면 사람들이 하는 말은 진실이 아니라, 마
음에서 지어낸 것이기 때문입니다. 말도 상대가 있어야 계속되는
것입니다.

상대할 가치가 없는 말에는 상대하지 마십시오. 잠언 26장 20절

은 이렇게 말씀합니다.

"나무가 다하면 불이 꺼지고 말쟁이가 없어지면 다툼이 쉬느니라."

우리가 마귀의 타협장을 계속 거절하면, 마귀가 그다음으로 쓰는 전략은 소문이라는 것을 기억하십시오. 사람들은 소문을 안 믿는다 하면서도 굉장히 귀를 기울이고 그것에 끌려갑니다. 그럴 때 우리가 해야 할 일은, 변명이 아니라 기도입니다. 느헤미야의 기도가 우리의 기도가 되기를 바랍니다.

"이는 그들이 다 우리를 두렵게 하고자 하여 말하기를 그들의 손이 피곤하여 역사를 중지하고 이루지 못하리라 함이라 이제 내 손을 힘 있게 하옵소서 하였노라"(느 6:9).

"내 손을 힘 있게 하옵소서."
하나님이 우리를 힘 있게 해 주실 것입니다. 그렇게 해 주실 주님을 믿으십시오. 우리가 들어야 할 소리는 사람들의 소리가 아닙니다. 우리가 들어야 할 소리는 하나님의 음성입니다.

믿음으로 전진해야 합니다

"깨달은즉 그는 하나님께서 보내신 바가 아니라 도비야와 산발 랏에게 뇌물을 받고 내게 이런 예언을 함이라"(느 6:12).

느헤미야가 타협에도 흔들리지 않고 소문에도 당당하게 나오자, 이들은 느헤미야와 가까웠던 스마야라는 사람을 돈으로 매수합니다(느 6:12-13). 스마야가 며칠째 일터에 나타나지 않자, 느헤미야는 걱정이 되어 그를 찾아갔습니다. 그런 느헤미야에게 스마야는, 당신을 죽이려는 사람들이 있으니 성전으로 도망가 숨으라고 말합니다. 만일 느헤미야가 스마야의 말대로 했다면, 이제 막바지에 다다른 예루살렘의 성벽 공사는 중단되었을 것입니다.

이것이 사탄의 전략입니다. 사탄은 우리 편인 척 다가와 우리를 위하는 것처럼 말을 합니다. 그들이 이렇게 하는 목적은 단 하나입니다. 어떻게 해서든지 사역의 현장을, 섬김의 현장을 포기하게 만드는 것입니다.

저는 성경을 읽을수록 느헤미야라는 인물에 감탄을 하게 됩니다. 위협을 해도, 타협을 걸어도, 소문을 내도, 사람을 매수해서 속이려 해도 조금도 흔들리지 않고 오히려 산발랏과 도비야와 게셈의 계략을 손바닥 들여다보듯이 보고 있지 않습니까? 그가 그렇게 흔들리지 않을 수 있었던 이유는, 그의 유일한 삶의 기준이 하나님이셨기 때문입니다. 그렇기 때문에 우리는 느헤미야서 곳곳에서 그가 기도하는 모습을 볼 수 있는 것입니다.

느헤미야는 자신을 힘들게 하고 고통을 주는 산발랏과 도비야와 게셈 같은 사람들과 입씨름을 하지 않았습니다. 대신 그는 기도를 선택했습니다. 그리고 믿음으로 전진해 나갔습니다.

예수님도 그렇게 하셨습니다. 예수님이 본격적으로 사역을 시작하기 전 광야에서 40일간 금식하셨을 때, 마귀가 예수님에게 다가와 타협의 카드를 내밀었습니다. 예수님을 속이려 했고, 그럴 듯한 말로 현혹하려고 했습니다.

"예수, 당신이 하나님의 아들인 걸 우리도 다 알고 있습니다. 그러나 육신을 입고 40일 동안 금식했으니 얼마나 배가 고프십니까? 자, 여기 우리가 돌을 준비했습니다. 떡을 만들어 드십시오! 당신은 하실 수 있습니다."

물론 예수님은 돌을 떡이 되게 할 수 있는 능력을 가진 분이셨습니다. 그러나 예수님은 그렇게 하지 않으셨습니다. 대신 이렇게 말씀하셨습니다.

"예수께서 대답하여 이르시되 기록되었으되 사람이 떡으로만 살 것이 아니요 하나님의 입으로부터 나오는 모든 말씀으로 살 것이라 하였느니라 하시니"(마 4:4).

예수님은 사람이 떡이 있어야 살 수 있다는 것을 알고 계셨습니다. 그러나 떡보다 말씀이 더 중요하다고 말씀하십니다.

당신은 무엇을 더 중요하게 여기며 살고 있습니까? 떡입니까, 아니면 말씀입니까? 닭이 먼저냐, 달걀이 먼저냐의 문제라고 생각합니까? 그렇지 않습니다. 말씀을 선택하면, 하나님이 우리에게 떡을 주시는 것입니다. 하나님은 이 세상을 지으신 창조주임을 믿으십시오. 우리 영혼이 잘되면, 범사가 잘되고 강건해지는 것입니다.

떡과 말씀 사이에서 고민하고 있습니까? 학업과 신앙생활 사이에서, 직장과 신앙생활 사이에서, 사업과 신앙생활 사이에서, 코로나19와 신앙생활 사이에서 고민하고 있습니까? 저는 이렇게 도전하고 싶습니다. 떡을 위해 말씀을 포기하지 마십시오. 떡과 말씀의 균형, 그럴듯해 보이는 이것은 2천 년도 더 된 마귀의 타협장입니다.

느헤미야와 그와 함께한 사람들은 안팎으로 힘들고 어려운 상황에 처해 있었습니다. 눈물 나는 상황에 처해 있었습니다. 두 손에 힘이 쭉 빠져나가는 상황에 처해 있었습니다. 그러나 그들은 흔들리지 않는 믿음으로 끝까지 목적에 집중했습니다.

믿음을 표현하는 히브리어 중에 '에메나'라는 단어가 있습니다. 이 단어는 '견디다, 버티다'라는 의미를 가지고 있습니다. 예수님은 이 믿음으로 끝까지 기도하셨습니다. 예수님은 당신의 머리를 치고, 조롱하고, 비난하는 사람들과 논쟁하지 않으셨습니다. 예수님은 기도하며 모든 것을 참으셨습니다. 그렇게 하신 단 하나의 이유가 있다면, 우리를 구원하시기 위해서였습니다. 그것이 예수님의 사명이었습니다. 그것이 하나님의 꿈이었습니다. 이 모든 일을 감당하기 위해서 예수님은 모든 상황을 피하지 않고 믿음으로 전진하셨습니다.

당신의 인생에 산발랏과 도비야와 게셈과 같은 사람들이 있습니까? 그 사람들과 직접 맞서지 말고 기도로 맞서십시오. 믿음으로 전진해 나가십시오.

오래전, 어떤 사람 때문에 정말 참기 힘들었던 적이 있습니다. 그날 이전에도 이후에도 저는 모교회 담임 목사님에게 어떤 사람에 대해서 부정적인 말을 한 적이 없습니다. 그런데 딱 한 번, 이 일로 목사님에게 장문의 메일을 보냈습니다. 내용은 '○○ 때문에 힘들어 못살겠다'는 것이었습니다. 얼마 시간이 지나지 않아 목사님으로부터 짧은 한 문장의 답장을 받았습니다.

"목사님! 사람에게는 지고, 하나님에게는 이기는 목회를 하십시오!"

이 말씀이 저를 부끄럽게 했습니다. 그날 제가 얼마나 회개했는지 모릅니다.

불의한 타협을 거절하고, 하나님의 음성을 들으며, 믿음으로 기도하며 전진해 나가십시오. 목적에 끝까지 집중해서 당신을 향한 하나님 아버지의 꿈이 이루어지는 놀라운 삶을 살아가기를 소망하십시오.

1. 불의와 타협하면 쉽게 일이 이뤄지는 것 같습니다. 그러나 그 끝은 패망일 뿐입니다. 느헤미야는 그것을 알았습니다. 그래서 끝까지 타협하지 않고 기도하며 견딘 것입니다. 지금 혹시 불의와 타협해야 한다는 유혹을 받고 있습니까? 만일 그렇다면 당신은 어떻게 대처하고 있습니까?

_____

_____

_____

_____

2. 사람은 주변의 말에 흔들리게 됩니다. 진실을 알고 있음에도 불구하고 두세 사람만 거짓을 말해도 흔들리게 됩니다. 그러나 우리는 느헤미야와 같이 사람의 말이 아닌 하나님의 말씀에만 귀를 기울여야 합니다. 당신은 지금 무엇에 귀를 기울이고 있습니까?

_____

_____

_____

_____

3. 당신은 사명을 감당하면서 방해(시기, 질투)를 받아 본 적이 있습니까? 그럴 때 어떻게 반응하고 있습니까?

_____

_____

_____

_____

4. 목적지에 도달하기 위해서는 그만 한 체력이 필요합니다. 당신은 신앙의 목적지에 다다르기 위한 신앙의 체력을 갖고 있습니까? 만일 갖고 있지 않다면, 어떻게 해야 신앙의 체력이 다져질까요?

_____

_____

_____

_____

2부

믿음으로 세상을
새로 고침 하라

오늘 우리가 또 다른 느헤미야와
그와 함께 일어선 사람들이 되면, 우리를 통해서
하나님이 이 땅을 회복시켜 주실 것입니다.
회복이 필요한 세상을 향해 다가갈 수 있게 해 주실 것입니다.
하나님이 영적인 회복탄력성을 가진 당신을 통해
세상을 회복시키실 것입니다.

회복이
필요한
세상을 향해 _{느 7:1-7}

**예배의 회복이 곧
세상의 회복이다**

하나님은 답답한 인생에,
회복이 필요한 세상에
길을 내는 분이십니다.
우리가 먼저 예배의 자리에서
말씀과 기도로 하나님에게
감동되어야 합니다.

심리학 용어 중에 '회복탄력성'(resilience)이라는 것이 있습니다. 메모리폼 베개를 생각하면 이해가 좀 빠를 것 같습니다. 회복은 원래대로 돌아가는 것이고, 탄력성은 회복시키는 힘을 말하는 것입니다.

심리학자들이 말하는 회복탄력성이란, 심각한 삶의 고난 속에서 다시 일어설 뿐 아니라, 심지어 더욱 풍부해지는 마음의 근력입니다. 사람들 중에는 회복탄력성이 높은 사람들이 있는데, 이들은 긍정적이고, 좋아하는 것을 잘하기 위해 참고 노력해서 끝까지 그 일을 이루어 낸다는 공통점을 가지고 있다고 합니다.

우리가 성경에서 만나고 있는 느헤미야와 함께 일어선 사람들은 회복탄력성이 좋은 사람들입니다. 그런데 그들이 처음부터 그랬던 것은 아닙니다. 느헤미야를 만나기 전까지 그들은 회복탄력성과는 거리가 먼 사람들이었습니다. 느헤미야를 만나기 전, 그들은 140여 년 동안 무너져 내린 예루살렘 성벽과 불타 없어진 성문을 그대로 방치했기 때문입니다. 그 틈새로 도둑이 들어와 자신들의 것을 빼앗아 가는데도 그들은 가만히 있었습니다. 이랬던 사람들이 느헤미야를 만난 후 함께 일어나 상황에 흔들리지 않으며 무너진 예루살렘 성벽을 재건하기 시작했고, 불타 없어진 문도 다시 만들어 달기 시작했습니다.

그들은 회복탄력성이 없는 사람들이었습니다. 그런데 지금 그들은 예루살렘 성벽을 재건하고 있습니다. 문짝을 만들어 달고 있습니다. 회복탄력성이 생겨난 것입니다. 그리고 성경은 이 일이 불과 52일 만인 엘룰월 이십오 일에 끝났음을 우리에게 알립니다. 이는 놀라운 기적 이야기가 아닐 수 없습니다. 140년, 날수로는 51,100일 동안 무너졌던 예루살렘 성벽과 성문이 52일 만에 회복되었기 때문입니다. 성경의 이 메시지는 수천 년 전에 있었던 흥미로운 이야기가 아니라, 오늘 우리에게도 일어나는 하나님의 역사가 되어야 합니다.

영적으로도 마찬가지입니다. 영적으로도 회복탄력성이 있어야 합니다. 그렇다면 어떻게 해야 회복탄력성이 생겨날 수 있을까요? 예루살렘 성에 살던 사람들이 느헤미야를 만난 것처럼, 우리도 예수님을 만나면 영적인 회복탄력성이 생겨나게 됩니다. 그렇다면 우리에게 회복탄력성이 있어야 하는 이유는 무엇입니까? 느헤미야와 그와 함께 일어선 사람들이 한 일로 인해 예루살렘 성 전체에 살던 사람들이 함께 회복을 경험했기 때문입니다. 오늘 우리가 또 다른 느헤미야와 그와 함께 일어선 사람들이 되면, 우리를 통해서 하나님이 이 땅을 회복시켜 주실 것입니다. 회복이 필요한 세상을 향해 다가갈 수 있게 해 주실 것입니다. 하나님이 영적인 회복탄력성을 가진 당신을 통해 세상을 회복시키실 것입니다.

그렇다면 회복이 필요한 세상을 향해 우리가 해야 할 일은 무엇입니까?

사람을 세우십시오

"성벽이 건축되매 문짝을 달고 문지기와 노래하는 자들과 레위 사람들을 세운 후에"(느 7:1).

성벽 재건 공사가 끝난 다음, 느헤미야는 자신이 이룬 업적에 취해 멈춰 서지 않았습니다. 성경은 느헤미야가 문지기와 노래하

는 자들과 레위 사람들을 세웠다고 말씀합니다. 그중 노래하는
자들과 레위 사람들을 세웠다는 것은 무엇을 말하는 것일까요?
맞습니다. 예배를 준비하는 것입니다. 느헤미야가 처음으로 세운
사람들은 예배자들이었습니다. 회복이 필요한 세상을 향해 우리
가 해야 할 일은 먼저 예배자가 되는 것이고, 나아가 세상에 이런
예배자들을 세우는 것입니다.

예배가 무엇입니까? 예배를 뜻하는 단어 worship은 worth
(가치 있다)+ship(신분)의 합성어입니다. 곧, 예배는 '하나님이 우리
인생에 가장 귀하고 가치 있는 분임을 인정하는 것'이라는 뜻입니
다. 그래서 예배는 보는 것이 아니라 존귀하신 하나님에게 나아가
그분 앞에 엎드리는 것이고, 예배는 얻는 것이 아니라 드리는 것
입니다. 이런 삶을 살아가는 사람이 바로 예배자인 것입니다.

우리가 하나님을 예배하면, 하나님이 우리에게 당신의 마음을
부어 주십니다. 그래서 하나님이 이 세상을 얼마나 사랑하시는
지를 우리에게 깨닫게 하십니다. 하나님이 이 땅을 얼마나 회복
하기 원하시는지를 깨닫게 해 주시는 것입니다. 예수님은 이렇게
말씀하셨습니다.

"하나님이 세상을 이처럼 사랑하사 독생자를 주셨으니 이는 그를
믿는 자마다 멸망하지 않고 영생을 얻게 하려 하심이라"(요 3:16).

하나님이 이 세상의 회복을 원하시는 이유는 '사랑하기 때문' 입니다. 하나님 아버지의 이 마음이 예배를 통해 우리 삶에 부어 질 때, 하나님의 회복의 역사가 우리를 통해서, 교회들을 통해서 이 땅에 일어나는 것입니다. 우리가 온전한 예배자가 되면, 우리 를 통해 사람들이 하나님의 사랑을 배우고 예수님을 믿게 될 것 입니다.

사람들은 사랑이 눈에 보이지 않는다고 말하지만, 사실 사랑은 눈에 보입니다. 예수님의 사랑은 보이는 사랑이었습니다. 예수님 은 실제로 이 땅에 오셨고, 우리와 같이 33년 동안 이 세상에 사 셨으며, 십자가에 못 박혀 돌아가셨습니다. 하나님이신 예수님이 이렇게 하신 유일한 이유가 있다면, 그것은 그분이 우리를 사랑 하셨기 때문입니다. 그리고 예수님을 통해 이 사랑을 보여 주신 이유는, 우리도 예수님처럼 사랑하는 삶을 살아가길 원하셨기 때 문입니다.

요한일서 4장 11-12절은 이렇게 말씀합니다.

"사랑하는 자들아 하나님이 이같이 우리를 사랑하셨은즉 우리도 서로 사랑하는 것이 마땅하도다 어느 때나 하나님을 본 사람이 없으되 만일 우리가 서로 사랑하면 하나님이 우리 안에 거하시 고 그의 사랑이 우리 안에 온전히 이루어지느니라."

느헤미야가 처음 세운 사람들은 다른 사람들이 아니라, 예배자들이었습니다. 오늘 우리는 먼저 예배자가 되어, 회복이 필요한 세상을 향해 하나님 아버지의 사랑을 쏟아 부어 주는 삶을 살아가야 합니다. 그렇게 하나님이 세우신 사람들로 살아가야 합니다. 하나님은 사랑의 주님을 만난 사람들마다 시련을 딛고 회복하게 하시는 회복탄력성을 만들어 주실 것입니다. 기억하십시오. 당신은 이렇게 귀한 일을 위해 하나님에게 선택받아 세워진 사람입니다.

칭찬과 격려를 아끼지 마십시오

"내 아우 하나니와 영문의 관원 하나냐가 함께 예루살렘을 다스리게 하였는데 하나냐는 충성스러운 사람이요 하나님을 경외함이 무리 중에서 뛰어난 자라"(느 7:2).

느헤미야는 칭찬과 격려에 탁월한 사람이었습니다. 그는 계속해서 하나니와 하나냐를 새로운 리더십으로 세웁니다. 하나니는 느헤미야와 먼 여정을 함께해 온 형제였습니다. 느헤미야는 하나니를 '내 아우'라고 부르며 그를 향한 사랑과 신뢰를 표현합니다.

뿐만 아닙니다. 하나냐는 충성스럽고, 하나님을 경외함이 무리 중에서 뛰어난 사람이라고 칭찬을 아끼지 않습니다. 느헤미야의 칭찬과 격려는 하나니와 하나냐에게 엄청난 힘이 되었을 것입니다.

그렇습니다. 느헤미야는 칭찬과 격려의 아이콘이었습니다. 문제는, 하나니와 하나냐는 칭찬과 격려를 받을 만한 사람들이었지만, 그렇지 않은 사람, 만나면 화를 돋우는 사람들의 경우입니다. 그런 사람들에게도 칭찬과 격려를 해야 할까요? 맞습니다. 칭찬과 격려를 해야 합니다. 이런 사람들도 칭찬하고 격려하려면, 우리가 먼저 절대 긍정, 절대 감사의 사람이 되어야 합니다. 가끔 긍정, 가끔 감사의 사람이 아닌 것입니다.

그렇다면 어떻게 해야 이런 사람이 될 수 있을까요? 성령 충만한 삶을 살아야 합니다. 그럼 어떤 사람이 성령 충만한 사람일까요? 말씀을 의지해서 살아가는 사람이 바로 성령 충만한 사람입니다.

예수님은 성령 충만한 삶을 사셨습니다. 그 예수님이 제자인 시몬의 이름을 '반석'이라는 뜻의 '베드로'라고 바꿔 주셨습니다. 그가 진짜 반석이라서 베드로라고 이름 짓고 계속 불러 주신 것이 아닙니다. 예수님은 그가 그렇게 될 것을 믿고 계속해서 믿음으로, 긍정적으로 불러 주신 것입니다. 결국 베드로는 교회의 반석이 되었습니다.

미국에서 이민 목회를 할 때의 일입니다. 주님을 열심히 섬기고 봉사하는 청년이 있었는데, 한 직장에 오래 있지를 못했습니다. 교회 어른들도 이 청년에 대해 걱정이 많았습니다. 그런데 걱정하는 말을 가만 들어 보니 참 부정적입니다. 그래서 제가 이 청년을 격려하기로 마음먹고 이렇게 말해 주었습니다.

"사람들의 말에 매이지 마라. 내가 볼 때는 아직 평생 일할 직업을 찾지 못해 그런 것 같구나. 걱정하지 마라. 하나님이 반드시 잘되게 해 주실 거다."

무려 4년이 넘도록 그를 격려해 주었습니다. 그러나 제가 그곳을 떠날 때까지도 그의 앞날은 불투명했습니다. 이 청년은 지금 어떻게 되었을까요? 업계에서 서로 데려가려고 하는 탁월한 인재가 되었습니다. 지금도 이 청년은 하나님에게 늘 감사하는 마음으로 주어진 일에 최선을 다하며, 겸손히 주님을 섬기고 있습니다.

칭찬과 격려의 사람이 되십시오. 믿음으로 절대 긍정, 절대 감사의 말을 하며 살아가십시오.

언젠가 〈유 퀴즈 온 더 블럭〉이라는 프로그램을 우연히 보게 되었습니다. 제헌절을 앞두고 법과 관련된 일을 하는 분들의 이야기를 듣던 중 맨 마지막 순서로 법정에서 질서 유지를 담당하는 경위님의 인터뷰 영상을 보게 되었습니다. 인터뷰 끝 무렵에 진행자가 마지막으로 제안하고 싶은 것이 있으면 말해 달라고 요청하자 그는, '법원에서 죄만 판결하지 않고 잘한 일도 판결해 주었으면 좋겠다'고 이야기했습니다.

"당신은 그동안 열심히 일했으니, 상금 3천만 원을 판결합니다."

듣다 보니 기분이 좋아졌습니다.

우리가 살아가는 세상은 어떻습니까? 칭찬과 격려로 위로와 힘을 얻기보다는, 정죄와 비난으로 낙망하고 절망할 때가 더 많은 것 같습니다.

느헤미야가 예루살렘에 도착했을 때, 그들은 꿈 없이 하루하루를 살고 있었습니다. 그런 그들이 하나님의 꿈을 품은 사람, 느헤미야를 만나자 함께 꿈을 꾸는 사람들이 되었습니다. 그리고 불가능한 일에 도전하기 시작해서 마침내 불가능을 가능으로 바꾸어 버렸습니다. 이 일이 이루어지는 동안 느헤미야는 먼저 기도했고, 기도를 통해 주시는 하나님의 위로와 소망의 마음으로 흔들림 없이 사람들을 칭찬하고 격려했습니다. 그러자 회복탄력성이 생겨난 것입니다.

느헤미야와 그와 함께 일어난 사람들이 성벽 재건 공사를 할 때, 이 일은 그들에게 결코 쉬운 일이 아니었습니다. 그들은 건축가가 아니었습니다. 그들은 레위인들이었고, 생선을 파는 사람들이었습니다. 그 외에도 각각 하는 일이 다 달랐습니다. 이뿐만이 아닙니다. 이제는 우리에게 익숙해져 버린 산발랏과 도비야와 게셈의 비웃음과 위협이 있었습니다. 뿐만 아니라 내부적으로 이 성벽 재건 공사에 참여하지 않았던 관료들과 세금으로 인한 고통도 경험했습니다. 그러나 그들은 흔들림 없이 끝까지 목적에 집중했습니다. 그리고 낙심될 때, 느헤미야를 비롯해서 서로서로가 위로하고 칭찬하고 격려하면서 버텼습니다. 안팎으로 어려움이 있었지만 그들이 이 놀라운 역사를 이룰 수 있었던 이유는, 서로 돌아보며 칭찬과 격려를 아끼지 않을 때 주님이 주시는 놀라운 평안이 임했기 때문입니다.

예수님은 이 평안에 대해 요한복음 14장 27절을 통해 이렇게 말씀하셨습니다.

"평안을 너희에게 끼치노니 곧 나의 평안을 너희에게 주노라 내가 너희에게 주는 것은 세상이 주는 것과 같지 아니하니라 너희는 마음에 근심하지도 말고 두려워하지도 말라."

새찬송가 408장, 〈나 어느 곳에 있든지〉의 가사처럼 우리의 마음이 평안해지는 것입니다.

나 어느 곳에 있든지 늘 맘이 편하다
주 예수 주신 평안함 늘 충만하도다

나의 맘속이 늘 평안해 나의 맘속이 늘 평안해
악한 죄 파도가 많으나 맘이 늘 평안해

주님의 이름으로 아낌없이 칭찬하고 격려할 때, 우리 안에 주
님이 주시는 평안이 넘쳐날 것입니다. 우리는 이 평안으로 충만
해져 회복이 필요한 세상을 향해 나아가, 이 세상을 품는 그리스
도인이 되어야 합니다.

하나님이 주시는 감동을 받으십시오

"내 하나님이 내 마음을 감동하사 귀족들과 민장들과 백성을 모
아 그 계보대로 등록하게 하시므로 내가 처음으로 돌아온 자의
계보를 얻었는데 거기에 기록된 것을 보면"(느 7:5).

앞선 장에서도 이야기했지만, 사람들은 대개 느헤미야 하면
'52일 만에 성벽 재건에 성공한 사람'으로만 기억합니다. 만약 그
것이 느헤미야가 한 일의 전부라면, 느헤미야서는 6장에서 끝이
났어야 합니다. 그러나 느헤미야서는 13장까지 이어집니다. 다시
말하면, 느헤미야가 1-6장까지 한 일은 7장부터 본격적으로 이루

어질 어떤 일을 위한 준비였던 것입니다. 그리고 그 어떤 것은 바로 예배의 회복이었습니다.

무너진 성벽으로 인해 예루살렘에 살던 사람들은 세금도 제대로 내지 못할 지경이었습니다. 그들은 말 그대로 척박한 삶을 살고 있었습니다. 예배에 가지고 갈 제물을 키울 여력이 없었습니다. 온전히 예배를 담당했던 레위인들은 예배 후 남은 제물로 생활해야 했는데, 이런 삶이 불가능해진 것입니다. 이런 상황 속에서 레위인들은 생존을 위해 생업 전선에 뛰어들었고, 이는 결국 예배가 중단되는 결과로 이어졌습니다.

느헤미야가 무너진 성벽을 재건하고 문짝을 만들어 단 이유는 바로 예배의 회복을 위해서였습니다. 사람들이 성안에서 안전하게 살 수 있도록, 더 이상 빼앗기지 않아도 되는 삶을 살 수 있도록, 그래서 그들이 온전한 제물을 드려 예배할 수 있도록 그리고 레위인들이 돌아올 수 있도록 현실적인 조치를 취한 것입니다.

그런데 성벽 재건 공사도 끝났고 문짝도 만들어 달았는데, 여전히 예배가 다시 시작되지 못하고 있습니다. 그 이유를 우리는 느헤미야 7장 4절에서 찾을 수 있습니다.

"그 성읍은 광대하고 그 주민은 적으며 가옥은 미처 건축하지 못하였음이니라."

여전히 예배드릴 여건이 충족되지 못한 것입니다. 그래서 느헤미야는 또다시 하나님에게 기도하기 시작합니다. 그때 하나님이 느헤미야의 마음에 감동을 주셔서 이 문제를 해결하게 하십니다. 그 방법은, 흩어진 사람들을 다시 찾아 모이게 하는 것이었습니다. 그가 이렇게 하나님이 주신 감동으로 일하려고 할 때, 하나님이 그에게 처음으로 돌아온 자의 계보를 얻게 하셨다고 말씀합니다.

우리가 살아가는 세상에 회복이 필요하다는 사실을 모르는 사람은 없습니다. 코로나19로 무너진 많은 것들로부터 회복이 필요하다는 것을 모르는 사람도 없습니다. 그러나 어떻게 회복시켜야 할지를 알지 못하는 것이 문제입니다. 느헤미야도 그랬습니다. 그도 어떻게 해야 할지를 몰랐습니다. 그때 느헤미야는 기도했습니다. 그리고 그때 하나님이 그에게 감동을 주셨다고 성경은 말씀합니다.

하나님은 기도하는 사람의 마음에 감동을 주십니다. 세상을 향해 나아가기 위해 먼저 하나님이 주시는 감동을 받으십시오.

하나님은 답답한 인생에, 회복이 필요한 세상에 길을 내는 분이십니다. 우리가 먼저 예배의 자리에서 말씀과 기도로 하나님에게 감동되어야 합니다. 그 후에 성령님의 손을 붙잡고 세상을 향해 담대하게 나아가면, 세상 사람들이 우리를 통해 하나님의 감동과 회복을 누리며 행복한 삶을 살아가게 될 것입니다. 우리는 그런 교회와 성도가 되어야 합니다.

아직 만나 본 적은 없지만, 사람을 세우며 칭찬과 격려를 아끼지 않는 삶을 살아가는 한 분을 소개하고 싶습니다. 우리에게는 '소년범의 대부' 또는 '호통 판사'로 잘 알려진 천종호 판사입니다. 그는 방황하는 아이들을 향해서는 호되게 호통을 치고, 사건을 무마하기에 바쁜 부모들에게는 쓴 소리를 마다하지 않지만, 소년원으로 송치되는 열일곱 살의 미혼모에게는 배냇저고리를 선물하고, 굶주림으로 돈을 훔친 자매에게는 용돈을 넣은 지갑을 건네주며 훔치고 싶은 마음이 들면 이 지갑을 생각하라고 말합니다.

그는 자신의 신앙을 이렇게 고백했습니다.

"신앙이란 올곧은 길로, 직선으로만 가는 것은 아닙니다. S자로 좌로 갔다 우로 갔다 하지만 그 과정에서 다른 방향으로 가지 않고 직선으로 뻗어 있는 그 목적점을 바라볼 수 있게 해 주는 것이 신앙생활인데, 지금까지 좌충우돌하면서 신앙생활하고 있습니다."

그는 세상에서 판사로서보다 교회의 장로로, 그리스도인으로서 섬기며 살기를 소원한다고 말하며, 삶의 모토로 삼은 로마서 12장 1-3절 말씀을 소개합니다.

"그러므로 형제들아 내가 하나님의 모든 자비하심으로 너희를 권하노니 너희 몸을 하나님이 기뻐하시는 거룩한 산 제물로 드리라 이는 너희가 드릴 영적 예배니라 너희는 이 세대를 본받지 말고 오직 마음을 새롭게 함으로 변화를 받아 하나님의 선하시고 기뻐하시고 온전하신 뜻이 무엇인지 분별하도록 하라 내게 주신 은혜로 말미암아 너희 각 사람에게 말하노니 마땅히 생각할 그 이상의 생각을 품지 말고 오직 하나님께서 각 사람에게 나누어 주신 믿음의 분량대로 지혜롭게 생각하라."

그는 한 방송 프로그램에 출연해서 이렇게 말합니다.

"우리는 하늘에 보화를 쌓아 놓고 살아가는 사람들입니다. 그게 우리의 가슴속에 있지 않습니까? 보물을 가진 사람은 천하를 가진 사람인데, 사람들이 품격을 잃어서는 안 된다고 생각합니다."

하나님이 천종호 장로님을 볼 때 감동하지 않으실까요?

이 땅의 교회에 이렇게 세워진 많은 사람들이 있음에 감사합니다. 또 교회가 이 어려운 시기에 세상을 위로하고 믿음의 동지들을 칭찬하고 격려할 수 있음에 감사합니다. 이런 교회의 성도라면 하나님 아버지가 주시는 감동이 넘쳐, 회복이 필요한 세상을 향해 나아가 품고 섬기는 사람이 되어야 할 것입니다.

예배는 보는 것이 아니라
존귀하신 하나님에게 나아가 그분 앞에 엎드리는 것이고,
예배는 얻는 것이 아니라 드리는 것입니다.
이런 삶을 살아가는 사람이 바로 예배자인 것입니다.

1. 당신은 어떤 문제와 어려움 앞에서도 다시 일어나고 일할 수 있는 회복탄력성을 갖고 있습니까?

_____

_____

_____

_____

2. 우리 인생의 어려움의 해결은 예배의 회복으로부터 시작됩니다. 당신은 진실한 예배자가 되었습니까?

_____

_____

_____

_____

3. 당신은 어떤 상황에서 칭찬과 격려가 필요합니까? 또한 어떤 상황에서 칭찬하고 격려합니까?

_____

_____

_____

_____

4. 우리는 하나님을 예배하기 위해 창조된 존재입니다. 이런 우리가 세상 속에서 회복되어야 할 이유가 있다면 무엇이겠습니까?

_____

_____

_____

_____

살아 계신
하나님의
말씀을 선포하는 느 8:1-9

**인생의 갈급함을
해갈할 말씀을 가지라**

하나님의 말씀을
귀 기울여 들으십시오.
말씀이 우리 인생의 갈급함을
해결해 줄 것입니다.
말씀이 눈물 나는 우리 인생을
축제가 되게 해 줄 것입니다.

예배자가 되는 것, 예배자로 살아가는 것은 쉽지 않습니다. 어렵습니다. 하나님의 감동이 임할 때까지 엎드려 기도하는 것도 어렵습니다. 그래서 중간에 막 포기하고 싶어집니다.

예전에 안수집사님 한 분이 이런 말씀을 하셨습니다.

"목사님, 설교를 듣다 보면 예수님을 잘 믿는 것이 참 어려운 일 같습니다."

그렇습니다. 예수님을 잘 믿는 것은 쉽지 않은 일입니다. 어려운 일입니다. 그런데 어렵기 때문에 더 가치 있는 것입니다.

성경을 보십시오. 느헤미야도 이렇게 쉽지 않은 믿음의 길을 걸어가고 있습니다. 그는 계속해서 예배를 준비해 왔습니다. 이것이 얼마나 힘든 일이었는지를 느헤미야 1-7장을 통해 봐 오지 않았습니까? 그러나 느헤미야는 포기하지 않고 오늘도 예배를 준비합니다.

그런데 그때 놀라운 일이 일어납니다. 이런 느헤미야의 모습을 보면서 사람들의 마음에 예배를 향한, 말씀을 향한 갈급함이 생겨나기 시작한 것입니다. 느헤미야를 통해 일어나는 이 갈급함이 당신의 삶에도 생겨나기를 바랍니다. 그리고 이 갈급함이 당신을 통해 예배를 잃어버린 채 낙심하고 절망하며 살아가는 사람들에게도 생겨나기를 바랍니다.

이 갈급함은 마침내 사람들을 일제히 수문 앞 광장으로 모이게 만듭니다.

"이스라엘 자손이 자기들의 성읍에 거주하였더니 일곱째 달에 이르러 모든 백성이 일제히 수문 앞 광장에 모여 학사 에스라에게 여호와께서 이스라엘에게 명령하신 모세의 율법책을 가져오기를 청하매"(느 8:1).

사람들은 갈급한 것을 채울 수 있는 곳으로 모입니다. 무슨 말입니까? 물질이 갈급한 사람들은 물질이 있는 곳으로, 명예가 필요한 사람들은 명예가 있는 곳으로 모인다는 것입니다. 그렇다면 우리는 무엇에 갈급해야 할까요? 우리는 살아 계신 하나님의 말씀에 갈급해야 합니다. 그러면 살아 계신 하나님의 말씀이 우리 인생의 갈급함을 해결해 주실 것입니다.

우리는 한 여인을 알고 있습니다. 이 여인의 주소는 요한복음 4장입니다. 이 여인은 다섯 번 이혼하고 여섯 번째 남자와 살고 있었습니다.

이 여인은 어떤 의미에서 본다면 열심이 있었다고 말할 수도 있습니다. 그러나 잘 살아 보려고 노력하면 할수록 실패만 거듭 됐습니다. 이 여인은 결혼으로, 좋은 남편을 만나는 것으로 인생의 갈급함을 해결해 보려고 했지만 실패를 거듭해 왔습니다. 그러던 중 예수님을 만나 그분이 하시는 말씀을 듣자 인생이 변하는 놀라운 일이 일어났습니다.

혹시 메마른 인생, 갈급한 심령으로 살다가 예배의 자리로 나아가기 시작했습니까? 그렇다면 잘하셨습니다. 왜냐하면, 하나님은 예배를 통해 말씀하는 분이시기 때문입니다. 하나님의 말씀은 우리 인생에 긍정적인 변화를 불러오는, 우리를 살리는 말씀인 것을 믿으십시오.

"내가 진실로 진실로 너희에게 이르노니 내 말을 듣고 또 나 보내신 이를 믿는 자는 영생을 얻었고 심판에 이르지 아니하나니 사망에서 생명으로 옮겼느니라 진실로 진실로 너희에게 이르노니 죽은 자들이 하나님의 아들의 음성을 들을 때가 오나니 곧 이때라 듣는 자는 살아나리라"(요 5:24-25).

수문 앞 광장에 모인 사람들에게 그리고 요한복음 4장의 수가성 여인에게 말씀하신 하나님이 지금 우리에게도 말씀하고 계십니다. 우리는 날마다 살아 계신 하나님의 말씀을 누려 삶이 회복되는 놀라운 일들을 경험해야 할 것입니다.

그렇다면 어떻게 해야 살아 계신 하나님의 말씀을, 살리시는 하나님의 말씀을 들을 수 있을까요?

말씀을 귀 기울여 들으십시오

"수문 앞 광장에서 새벽부터 정오까지 남자나 여자나 알아들을 만한 모든 사람 앞에서 읽으매 뭇 백성이 그 율법책에 귀를 기울였는데"(느 8:3).

수문 앞 광장에 모인 사람들은 선포되는 하나님의 말씀에 귀를 기울였다(listen attentively)고 말씀합니다. 이것을 오늘날의 예배로 옮겨 오면 성경 봉독 시간이라고 할 수 있습니다. 새벽부터 정오

까지 7-8시간 동안 성경 봉독을 한 것입니다. 이렇게 하면 오늘
날 교회에서는 어떤 일이 일어날까요? 예전에 섬기던 교회의 중
직 한 분이 저에게 이런 제안을 한 적이 있습니다.

"목사님, 설교는 20분만 하세요. 그리고 예배는 1시간 안에 다
끝내 주십시오."

이유를 물으니, 설교가 길고 예배 시간이 1시간을 넘어가면 사
람들이 교회에 오지 않는다는 것입니다. 제가 제안 받은 예배와
수문 앞 광장에서 진행되고 있는 예배에는 차이가 있지 않습니
까? 어떤 차이가 있습니까? 단순히 시간의 차이입니까? 그렇지
않습니다. 그렇다면 무엇의 차이입니까? 갈급함의 차이입니다.
이 갈급함이 요즘 성경 봉독하는 시간 3분과 7시간의 차이를, 설
교 시간 1시간과 8일의 차이를 만들어 내고 있는 것입니다.

"에스라는 첫날부터 끝 날까지 날마다 하나님의 율법책을 낭독
하고 무리가 이레 동안 절기를 지키고 여덟째 날에 규례를 따라
성회를 열었느니라"(느 8:18).

수문 앞 광장에 모인 사람들과 요한복음 4장의 여인은 다른 사
람들과 말을 하지 않았습니다. 그렇게 하는 대신 그들은 하나님
의 말씀을 귀 기울여 들었습니다. 말씀을 들으면 우리 안에 하나

님을 향한 믿음이 생겨나게 됩니다.

"그러므로 믿음은 들음에서 나며 들음은 그리스도의 말씀으로 말미암았느니라"(롬 10:17).

뿐만 아닙니다. 히브리서 12장 2절은 이렇게 말씀합니다.

"믿음의 주요 또 온전하게 하시는 이인 예수를 바라보자."

하나님의 말씀을 귀 기울여 들으십시오. 말씀이 우리 인생의 갈급함을 해결해 줄 것입니다. 말씀이 눈물 나는 우리 인생을 축제가 되게 해 줄 것입니다. 말씀이 피곤하고 무력한 인생에 힘을 주어, 다시 한 번 절대 긍정, 절대 감사의 삶으로 우리를 인도해 줄 것입니다.

말씀을 깨달아야 합니다

"하나님의 율법책을 낭독하고 그 뜻을 해석하여 백성에게 그 낭독하는 것을 다 깨닫게 하니"(느 8:8).

수문 앞 광장에 모인 사람들은 말씀을 듣는 것에서 끝나지 않았습니다. 이제 말씀 낭독이 끝나고 다음 순서가 진행됩니다. 드디어 7-8시간 만에 설교가 시작되고 있는 것입니다.

설교의 기능은 무엇입니까? 설교의 첫 번째 기능은 선포하는 것이고, 두 번째 기능은 선포된 하나님의 말씀을 백성이 깨닫게 하는 데 있습니다. 느헤미야 8장을 읽다 보면 이렇게 '깨닫다', '이해하다'라는 말이 여섯 번이나 반복해서 나옵니다. 같은 단어를 반복해서 사용함으로 그 의미를 강조하고 있는 것입니다.

설교의 중요한 기능 중 하나는 '말씀의 뜻을 해석해서 깨닫게 하는 것'입니다. 본문에서는 이 일을 누가 하고 있습니까? 학사 겸 제사장인 에스라와 그와 함께한 제사장들이 하고 있습니다. 그들은 말씀을 잘 해석하고 깨닫게 하기 위해서, 살아 계신 하나님의 말씀을 전하기 위해서 전문적인 교육과 훈련을 받은 사람들이었습니다. 그리고 오늘 이 제사장들의 역할을 감당하는 사람들이 바로 목회자들인 것입니다.

말씀을 듣고, 들은 말씀을 깨닫는 것은 매우 중요합니다. 왜 그렇습니까? 사람들은 깨달은 만큼만 살아가기 때문입니다.

5-6년 전쯤 미국에 살 때 있었던 일입니다. 빙수를 잘하는 집이 있다고 해서 성도들과 한번 가자, 가자 하다가 가지 못했습니다. 시간은 점점 흘러가는데 서로 시간 맞추기가 쉽지 않은 것입

니다. 결국 혼자라도 가서 먹어야겠다고 결심했는데, 여기에 중요한 문제가 하나 있었습니다. 제가 그 빙수집 위치를 모른다는 것이었습니다. 혼자 간다는 말은 차마 하지 못하고 어디에 있는지 위치를 묻는데, 제가 그 장소를 듣고 "정말 거기 있다고요?", "진짜 거기 있다고요?" 하며 몇 번을 물었는지 모릅니다. 그 길을 일주일에 최소한 두세 번은 지나다니는데, 본 기억이 없었기 때문입니다. 그런데 이게 웬일입니까? 찾아가 보니 빙수집이 그 자리에 딱 있는 것입니다.

뿐만 아닙니다. 저는 미국 아이들은 학원에 안 다니는 줄 알았습니다. 그래서 당연히 학원 같은 것은 없는 줄 알았습니다. 그런데 초등학교에 입학한 제 아이가 하루는 집에 오더니, 다른 아이들은 학원을 다닌다는 것입니다. 저는 반신반의하는 마음으로 제 아이와 같은 학교에 다니는 아이 친구의 한국인 부모들과 미국인 부모들에게 물어보았는데, 그들은 오히려 목사님 집 아이는 학원에 안 보내느냐며 되물어 왔습니다. 학원이 어디에 있는지를 듣고는 믿을 수가 없었습니다. 그곳 역시 제가 매일 지나다니는 길에 있었기 때문입니다. 차를 몰고 가 보니 그 길에는 학원이 열 곳도 넘게 있었습니다. 저는 왜 몰랐을까요? 첫째는 제가 관심이 없었기 때문이고, 둘째는 학원 간판이 전부 영어로 되어 있었기 때문입니다. 그날은 학원을 보는 저의 눈이 밝아진 날이었습니다.

설교자들이 하는 일이 바로 이것입니다. 사람들이 빙수집이 있다는 것은 아는데, 그 빙수집이 어디에 있고 가는 길은 이렇다고 알려 주는 것이 설교자의 역할입니다. 늘 보는 말씀인데, 그것이 자신에게 필요한 말씀이라는 것을 모른 채 지나가는 사람들에게 여기 말씀이 있다고 알려 주는 것이 설교자의 역할인 것입니다. 그 말씀이 어디에 있는지, 무엇을 의미하는지를 이해할 수 있게 해 주는 것입니다.

말씀을 귀 기울여 듣고, 그 말씀을 깨달아 알게 되기를 바랍니다. 말씀을 깨달아 알면, 말씀의 능력이 당신에게 역사하기 시작할 것입니다.

우리는 매 주일 살아 계신 하나님의 말씀이 선포되는 자리에 있습니다. 우리는 본문을 통해 하나님의 말씀을 귀 기울여 듣고 그것을 깨닫는 것이 얼마나 중요한지 알았습니다. 그렇다면 그때 우리에게 어떤 일이 일어날까요? 말씀을 듣고 깨달은 우리의 삶에 하나님은 어떤 분이 되어 주실까요?

우리의 힘이 되어 주십니다

"백성이 율법의 말씀을 듣고 다 우는지라 총독 느헤미야와 제사장 겸 학사 에스라와 백성을 가르치는 레위 사람들이 모든 백성에게 이르기를 오늘은 너희 하나님 여호와의 성일이니 슬퍼하지 말며 울지 말라 하고 느헤미야가 또 그들에게 이르기를 너희는 가서 살진 것을 먹고 단것을 마시되 준비하지 못한 자에게는 나누어 주라 이날은 우리 주의 성일이니 근심하지 말라 여호와로 인하여 기뻐하는 것이 너희의 힘이니라 하고"(느 8:9-10).

수문 앞 광장에 모인 사람들에게 살아 계신 하나님의 말씀이 선포되고, 또 그 뜻을 깨닫게 했을 때 모인 사람들이 회개하기 시작했습니다. 특별히 그들이 들은 말씀은 모세의 율법이었다고 성경은 말씀합니다. 모세의 율법의 핵심은 무엇입니까? 그것은 '쉐마 이스라엘!'로 대표되는 신명기 6장 4-5절 말씀입니다.

"이스라엘아 들으라 우리 하나님 여호와는 오직 유일한 여호와이시니 너는 마음을 다하고 뜻을 다하고 힘을 다하여 네 하나님 여호와를 사랑하라."

말씀이 이스라엘 백성의 삶을 터치하기 시작하자, 그들은 지금까지 하나님을 떠나 살던 자신의 모습과, 그런 자신들을 버리지 않고 변함없는 사랑을 부어 주고 계신 하나님을 만나게 되었습니다. 그들은 부끄러웠습니다. 그래서 다시 하나님에게 돌아가기로 결심했습니다. 주님에게로 돌아가는 것, 이것이 곧 회개입니다.

제가 좋아하고 자주 부르는 〈주님과 같이〉라는 찬양이 있습니다. 이 찬양의 가사처럼, 주님과 같이 우리의 마음을 만지는 분은 없으십니다.

수문 앞 광장에 모인 사람들이 다 울며 회개하고 주님에게로 돌아갈 때, 느헤미야와 에스라와 레위 사람들이 백성에게 이르기를, 슬퍼하지 말며 근심하지 말라고 위로합니다. 이 위로가 곧 회개하는 사람에게 주시는 하나님의 은혜임을 믿으십시오.

이 위로는 여기서 멈추지 않습니다. '여호와로 인하여 기뻐하는 것이 너희의 힘'이라고 말씀합니다. 우리 하나님은 기쁨의 하나님이십니다. 우리가 하나님에게로 돌아가면, 하나님의 기쁨이 우리 삶에 충만해질 것입니다.

저는 지금까지 여러 나라에서 많은 집회를 인도했습니다. 제가 만난 사람들은 처한 상황도, 사정도 달랐지만, 그들의 인생에 필요한 분은 구주 예수님 한 분뿐이셨습니다. 하나님은 이 예수님을 만날 수 있도록 우리에게 말씀을 주셨습니다. 예수님을 만나십시오. 그리고 그분이 어떤 분인지를 깨달으십시오.

설교 제목을 길게 하기로 유명한 한 목사님이 시편 23편을 설교 본문으로 정했습니다. 주일이 다가오자 주보를 만드는 집사님이 목사님에게 전화를 걸어 설교 제목을 물었습니다.

"예… 시편 23편… 그리고… 음… 설교 제목은, 여호와는 나의 목자시니…입니다."

평소에 설교 제목을 길게 하던 목사님이라서 의아해진 집사님이 다시 물었습니다.

"설교 제목이 그게 다인가요?"

"음… 여호와는 나의 목자시니… 예, 그것으로 충분합니다."

"네, 알겠습니다."

그리고 주일, 주보를 받아든 목사님은 설교 제목을 보는 순간 밀려오는 감동으로 눈물을 흘리며 설교를 했습니다. 그날 주보에는 설교의 제목이 이렇게 적혀 있었습니다.

"여호와는 나의 목자시니, 예, 그것으로 충분합니다."

말씀을 귀 기울여 들을 때, 말씀을 깨달을 때, 우리를 사랑하시는 주님을 향해 나아갈 때, 우리는 '여호와는 나의 목자시니, 예, 그것으로 충분합니다'라고 고백하는 기쁨의 삶을 살아가게 될 것입니다.

1. 최근 예배에 대한 갈급함을 느낀 적이 있습니까? 만약 느끼지 못하고 있다면 그 이유는 무엇입니까?

_____

_____

_____

_____

2. 말씀을 통해서 삶이 변화되는 것을 경험해 본 적이 있습니까? 만약 경험했다면, 변화된 생각과 행동과 말은 무엇입니까?

_____

_____

_____

_____

3. 당신은 목자이신 하나님 한 분만으로 만족하는 인생을 살고 있습니까?

_____

_____

_____

_____

4. 당신은 하나님의 위로를 언제 가장 강하게 경험했습니까?

_____

_____

_____

_____

9

영향력 있는

느 9:1-5

**사람들의 마음에
예수 그리스도를 심으라**

우리는 서로의 마음에
예수 그리스도를 심는 사람이
되어야 합니다. 우리가 상대방에게
예수 그리스도를 심으면,
그것이 자라서 사랑과 섬김의
열매를 맺게 되는 것입니다.

영향력이란 무엇일까요? 리더십 강의로 유명한 크리스 와이드너(Chris Widener)는 자신의 책인《영향력》(리더스북 역간)에서 '영향력이란, 다른 사람의 마음에 나를 심는 것'이라고 말합니다. 《논어》(論語)에도 보면 '삼인행필유아사'(三人行必有我師)라는 말이 나오는데, 이는 '세 사람이 같이 길을 가면 반드시 내 스승이 있다'는 말입니다.

함께 살아가면서 우리는 서로에게 좋은 것을 배우기도 하지만, 나쁜 것을 배우기도 합니다. 서로의 마음에 '나'를 심으며 영향력을 끼치는 삶을 살아가고 있는 것입니다. 이처럼 지금 우리의 생각, 마음, 태도, 행동이 서로에게 심겨지는 삶, 이것을 영향력이라 합니다.

우리는 서로에게 어떤 '나'를 심고 있습니까? 우리는 서로에게 어떤 영향력을 끼치고 있습니까? 누군가의 마음에 심겨질 나는 어떤 사람입니까?

우리는 누구입니까? 우리는 그리스도인입니다. 그리스도인은 사도 바울이 고백한 것처럼 '나는 죽고 내 안에 예수가 사는 사람'(갈 2:20 참조)입니다. 우리는 서로의 마음에 예수 그리스도를 심는 사람이 되어야 합니다. 우리가 상대방에게 예수 그리스도를 심으면, 그것이 자라서 사랑과 섬김의 열매를 맺게 되는 것입니다.

오늘 당신의 마음에는 무엇이 심겨져 있습니까? 오늘 당신은 다른 사람의 마음에 무엇을 심고 있습니까? 우리는 나 자신과 상대방의 마음에 예수 그리스도를 심어야 합니다.

그렇다면 우리는 어떻게 해야 예수 그리스도를 심는 삶을 살아갈 수 있을까요? 어떻게 해야 그리스도인으로서 영향력 있는 삶을 살아갈 수 있을까요?

우리가 먼저 변해야 합니다

"그달 스무나흘 날에 이스라엘 자손이 다 모여 금식하며 굵은 베옷을 입고 티끌을 무릅쓰며"(느 9:1).

앞서 이야기한 《영향력》의 저자인 크리스 와이드너는 자신의 책에서 '영향력의 황금법칙 네 가지'를 제시합니다.

1. 다른 이의 모범이 되는 도덕성을 갖춰라
2. 긍정적이고 낙천적인 태도를 가져라
3. 내 이익보다 남의 이익을 더 중요시하라
4. 모든 일에서 최고가 돼라

다 다른 것 같지만 공통점이 있습니다. 그것은 바로 남이 아니라 내가 변해야 한다는 것입니다.

본문의 이스라엘 백성은 회개를 통해 영적인 부흥이 일어나는 장면을 보고 있습니다. 이 영적인 갱신과 회복 운동은 어떻게 시작되었습니까? 느헤미야로부터 시작되었습니다. 느헤미야는 어떤 사람이었습니까? 다른 사람들보다 먼저 변한 사람이었습니다. 그는 앞서 이야기한 영향력의 황금법칙 네 가지 모두에 해당되는 사람이었습니다.

영향력의 황금법칙 1_ 다른 이의 모범이 되는 도덕성을 갖춰라

그는 예루살렘에 총독으로 왔지만, 예루살렘에 머무는 동안 돈을 받지 않았습니다.

영향력의 황금법칙 2_ 긍정적이고 낙천적인 태도를 가져라

산발랏과 도비야 그리고 게셈 같은 사람들의 끊임없는 협박에
도 굴하지 않고 그는 백성을 격려했으며, 불과 52일 만에 성벽 재
건에 성공했습니다.

영향력의 황금법칙 3_ 내 이익보다 남의 이익을 더 중요시하라

느헤미야는 중요한 순간에 자신의 이름을 광고하지 않고, 자신
은 뒤로 쑥 빠지고 하나님에게 영광을 올려 드릴 수 있도록 했습
니다.

영향력의 황금법칙 4_ 모든 일에서 최고가 돼라

그는 누구보다 기도에 최고가 된 사람입니다. 그는 이미 이 일
을 시작하기 전 수개월 동안 하나님에게 기도했습니다. 그는 계
속 기도했고, 가장 앞장서서 믿음의 자리를 지켰습니다.

한 사람이 하나님의 꿈을 품는 것이 이렇게 중요합니다. 한 사
람의 변화가 이렇게 중요합니다. 오늘 당신이 이 시대에 하나님
이 찾으시는 느헤미야와 같은 한 사람이 되기를 바랍니다.

느헤미야처럼 하나님의 말씀을 들으십시오. 느헤미야는 성벽
위에 있지 않았습니다. 성벽 위에는 학사 에스라와 레위인들, 하

나님의 말씀을 강론하는 사람들이 있었습니다. 그럼 느헤미야는 어디에 있었습니까? 그는 성벽 아래, 곧 백성과 함께 하나님의 말씀을 듣는 자리에 있었습니다. 그는 위가 아니라 밑에서 백성과 함께 말씀을 들었습니다.

하나님의 말씀을 들으십시오. 하나님의 말씀을 들으면 우리 안에 예배가 생깁니다. 하나님의 말씀을 들으면 우리 안에 회개가 일어납니다. 하나님의 말씀을 들으면 우리 삶에 부흥이 일어납니다. 느헤미야는 백성과 함께 하나님의 말씀을 들었습니다. 그리고 백성과 함께 금식하며 굵은 베 옷을 입고 티끌을 무릅썼습니다. 금식한다는 것은 자신의 의지를 하나님 앞에 내려놓는 것입니다. 굵은 베 옷을 입는다는 것은 하나님 앞에 자신의 생명을 내려놓는 것입니다. 티끌을 무릅쓴다는 것은 자신의 무가치함을 나타내는 것입니다.

다른 사람의 마음에 불평을 심지 마십시오. 다른 사람의 마음에 비난을 심지 마십시오. 다른 사람의 마음에 분노를 심지 마십시오. 대신 다른 사람의 마음에 예수 그리스도의 피 묻은 복음을 심어 주십시오. 예수님이 보여 주신 사랑을 심어 주십시오. 예수님이 보여 주신 섬김을 심어 주십시오.

선한 영향력을 끼치는 사람이 되어 주십시오. 어떻게 그럴 수 있습니까? 우리가 먼저 변하면 됩니다. 이 변화를 위해서 느헤미야처럼 그리고 이스라엘 백성처럼 하나님 앞에 당신의 의지를 내려놓고 생명이 주님에게 있음을 고백하며 하나님 없는 자신의 무가치함을 고백할 수 있기를 바랍니다.

결단해야 합니다

"모든 이방 사람들과 절교하고 서서 자기의 죄와 조상들의 허물을 자복하고"(느 9:2).

우리는 헌신된 한 사람을 통해서 민족을 변화시키시는 하나님의 역사를 보고 있습니다. 이스라엘 백성은 하나님의 말씀 앞에 완전히 거꾸러졌습니다. 백성이 모인 장소는 이미 회개의 울부짖음으로 가득했습니다.

"주님, 용서해 주십시오!"

하나님의 말씀을 들을 때는 회개하는 마음이 드는 것이 정상입니다. 하나님의 말씀을 들을 때는 찔리는 마음이 드는 것이 정상입니다. 하나님의 말씀을 들을 때는 부담스러운 마음이 드는 것이 정상입니다.

이스라엘 백성이 하나님의 말씀을 들었을 때 얼마나 찔렸을까요? 얼마나 부담스러웠을까요? 하나님의 말씀을 잊고 살아온 삶을 지적당했을 때, 그럼에도 불구하고 자신들을 사랑하시는 하나님을 만났을 때 얼마나 가슴이 아팠을까요? 이스라엘 백성은 말씀을 들을 때 눈물을 흘리기 시작했습니다.

그런데 요즘에는 말씀이 부담스러워 교회에 못 나오겠다는 사람들이 종종 있습니다. 이것은 회개할 일이지, 교회를 떠날 일은 아닙니다. 종종 보면 말씀이 부담되는 것을 말씀에 은혜가 없다는 식으로 말하는 사람들이 있는데, 그것은 마귀의 속임수입니다. 말씀이 부담스러운 것은 회개하지 않았기 때문에 그런 것입니다. 이스라엘 백성은 말씀을 들을 때 회개했고, 하나님의 은혜가 임했으며, 말씀 앞에서 결단했습니다.

이스라엘 백성은 지금까지 하나님 없이 살아온 삶과 미련 없이 절교를 선언했습니다. 이것은 보통의 절교 선언이 아니었습니다. 심지어는 이미 이방인과 결혼해서 살고 있던 가정이 결혼을 파기하는 엄청난 일들이 일어났습니다. 세상에 결혼보다 더 깊은 관계가 있을까요? 이스라엘 백성의 회개의 결단은 대충 한 결단이 아니었습니다.

뿐만 아닙니다. 이스라엘 백성은 자신의 회개를 넘어 조상의 죄까지도 회개하는 수준에 이릅니다. 개인의 회개를 넘어 이제는 회개 운동이 일어난 것입니다. 남이 잘못한 것도 내가 잘못한 것으로 여기기 시작한 것입니다. 내가 잘못한 것이 아닙니다. 조상들의 죄가 왜 나의 잘못입니까? 그런데 회개가 일어나니까 너 나 할 것 없이 다 내 잘못이라고 말하기 시작한 것입니다.

다음 세대 사역을 하면서 참 답답해하던 일들이 있었습니다. 2009년 한 단체의 초청으로 '한국을 이끌어 갈 다음 세대 목회자'로 선정되어 잠시 미국을 방문하게 되었습니다. 미국에서 굉장히 영향력 있는 분들을 많이 만났습니다. 개인적으로 답답한 마음에 답을 얻고 싶었습니다. 그런데 이야기를 하고 듣다 보니 그들이 하는 이야기가 한결같았습니다.

"그래요, 당신의 생각이 참 좋습니다. 당신이 그 일을 그대로 하면 좋을 것 같아요."

'당신 같은 사람들이 한국에도 필요합니다'라고 질문했는데, 돌아온 대답은 '당신이 그런 사람이 되면 됩니다'였습니다. 그런데 천천히 생각해 보니 그 말이 맞았습니다. 답은 의외로 쉬운 곳에 있었습니다. 내가 꿈꾸는 그런 사람이, 내가 되면 되는 것이었습니다.

'교회에는 왜 이런 사람이 없는가?'라고 말하는 사람들이 있습니다. 당신이 그런 사람이 되면 되는 것입니다. '교회가 이러면 안 된다!'고 말하는 사람들이 있습니다. 당신이 그러면 안 되게 하는 사람이 되면 되는 것입니다. 말하기는 쉬워도 행동하기는 어렵습니다. 말이 행동이 되기 위해서는 반드시 결단이 있어야 합니다.

저는 우리가 결단했으면 좋겠습니다. 회개를 결단하십시오. 세상과 절교하고 하나님에게 돌아오기로 결단하십시오. 그러나 결단만 하지 말고 행동하십시오. 그러면 말씀이 부담이 아니라 은혜가 될 것입니다. 그러면 누군가에게 나를 심는 것이 아니라, 하나님을 심는 삶을 살아가게 될 것입니다.

말씀이 삶의 기준이 되게 하십시오

"이날에 낮 사분의 일은 그 제자리에 서서 그들의 하나님 여호와의 율법책을 낭독하고 낮 사분의 일은 죄를 자복하며 그들의 하나님 여호와께 경배하는데"(느 9:3).

마포구 합정동에 가면 양화진이라는 곳이 있습니다. 한국의 선교를 위해 죽기까지 헌신하신 선교사님들의 묘지가 있는 곳입니다. 그중 한 묘비에는 이런 글이 적혀 있습니다.

"조선을 사랑합니다. 친구들에게 나의 죽음을 알리며 이렇게 말해 주세요. 아침에는 … 조선으로 오라고 말입니다."

생명을 다한 사랑을 통해 예수 그리스도의 복음을 받았기에 그 복음의 무게는 사람들에게 가볍지 않았습니다. 병들어 죽어 가면서 또는 순교를 당하면서까지도 포기하지 않은 복음이었기에 그 복음의 무게는 결코 가볍지 않았습니다. 그렇기에 한국의 초기 기독교는 영향력 있는 공동체였습니다. 그런데 지금은 어떻습니까? 한때의 영향력이 되어 버리고 말았습니다. 기독교는 오히려 세상 사람들로부터 걱정의 소리를 듣는 존재가 되어 버렸습니다.

왜 이렇게 되었을까요? 왜 기독교가 영향력을 잃어버렸을까요? 왜 우리는 더 이상 다른 사람의 마음에 예수 그리스도를 심어 줄 수 없게 된 것일까요? 복음을 싸구려로 만들었기 때문에 그런 것입니다.

나치에 반대했다는 이유로 순교를 당한 독일의 젊은 신학자요, 목회자인 본회퍼(Dietrich Bonhoeffer)는《나를 따르라》라는 책에서 이렇게 외칩니다.

"값싼 은혜는 우리 교회의 치명적인 적이다. 오늘 우리의 싸움은 값비싼 은혜를 얻기 위한 싸움이다. 값싼 은혜는 싸구려 은혜, 헐값의 용서, 헐값의 위로, 헐값의 성만찬이다. 그것은 교회의 무진장한 저장고에서 몰지각한 손으로 생각 없이 무한정 쏟아내는 은혜이다. 은혜가 홀로 모든 것을 알아서 처리해 줄 테니 모든 것이 케케묵은 상태로 있어도 된다는 것이다. 값싼 은혜는 하나님이 주신 은혜가 아니요, 우리가 스스로 취한 은혜에 불과하다. 싸구려 은혜는 그리스도를 본받음이 없는 은혜, 십자가 없는 은혜에 불과하다."

제 아이가 어렸을 적에 있었던 일입니다. 하루는 아이가 저에게 와서 이런 질문을 했습니다.

"아빠, 남자끼리 결혼할 수 있어요?"

잠시 당황했지만, 단호하게 '아니'라고 말했습니다. 그러자 이렇게 되물었습니다.

"왜요? TV에서 남자끼리 결혼하는 거 봤어요."

저는 우리 시대에 가장 필요한 것이 바로 하나님의 말씀을 가르치고, 말씀의 기준을 세워 그 말씀대로 살아가는 것이라고 믿습니다. 오늘날은 그리스도인들조차도 하나님의 말씀을 그리 중요하게 여기지 않습니다. 요즘 교회에 성경책을 들고 오는 사람이 과연 몇이나 될까요? 우리는 언제부터인가 스크린으로 비춰 주는 말씀을 읽기 시작했습니다. 편리합니다. 그러다 편의점 신앙에 빠져 버리고 말았습니다.

요즘 우리 교회 주일 5부 예배 때는 다 같이 일어서서 성경을 펴 들고 함께 읽는 시간을 갖습니다. 왜 그렇게 하는 것일까요? 말씀이 중요하다는 것을 강조하기 위해서입니다. 저는 우리의 신앙생활이 너무 지나치게 디지털화되지 않았으면 좋겠습니다. 성경을 가져오는 수고, 성경을 찾는 수고, 성경을 읽는 수고…. 우리의 신앙생활에 아날로그적인 멋진 부분이 있어도 좋지 않을까 생각합니다.

이스라엘 백성이 하나님에게로 돌아가기 위해 선택한 것은 하나님의 말씀을 사모하며, 그 말씀을 귀 기울여 듣는 것이었습니다. 하나님의 말씀을 집중해서 듣자 그들은 말씀을 깨달아 알게 되었고, 말씀을 깨달아 알게 되자 말씀대로 살 수 있게 된 것입니다. 그 실천의 가장 처음은 하나님을 예배하는 것이었습니다. 그리고 그 예배를 통해 하나님을 기뻐하게 된 백성의 공동체는 영향력을 회복하게 되었습니다.

그리스도인과 교회의 영향력은 예배를 통해 회복됩니다. 말씀의 권위가 회복될 때, 성령님이 말씀을 통해 역사하실 때 우리 삶에 놀라운 일이 일어나는 것입니다.

하나님의 말씀이 당신의 삶의 기준이 되게 하십시오. 하나님의 말씀이 기준이 된다는 것은 내 삶의 모든 영역에 하나님의 말씀을 넣는 것입니다. 그래서 내가 말씀 안에 살아가는 것입니다. 말씀 충만한 것이 곧 성령 충만한 것입니다.

기억하십시오. 가장 먼저 변해야 할 사람은 '나'입니다. 믿음으로 복음으로 살아가길 결단하십시오. 결단을 넘어 하나님의 말씀을 당신의 삶의 기준으로 삼아 살아가십시오. 그러면 반드시 그리스도인으로서 선한 영향력을 끼치는 삶을 살아가게 될 것입니다.

1. 당신은 세상 속에서 인격적으로, 신앙적으로 어떤 영향력을 끼치고 있습니까?

_____

_____

_____

_____

2. 우리는 신앙적으로 옳지 않은 길을 걷고 있음을 알면서도 쉽사리 돌아서지 못하곤 합니다. 왜 우리는 잘못된 길을 가면서도 돌아서지 못하는 것일까요?

_____

_____

_____

_____

3. 당신은 삶의 기준을 무엇으로 삼고 살아가고 있습니까?

_____

_____

_____

_____

4. 당신은 어떠한 상황에서 신앙적 결단을 내리기가 힘이 듭니까?

_____

_____

_____

_____

이런
그리스도인이
되십시오 _{느 13:3-14}

하나님은 오늘도
느헤미야와 같은 그리스도인을 찾으신다

우리 모두 느헤미야와 같은
그리스도인이 되었으면 좋겠습니다.
어떤 상황 속에서도 예배를 포기하지 않고,
언제든지 주를 위해 다시 일어나
하나님이 원하시는 일을 끝까지 이루어 내는
참된 그리스도인이 되었으면 좋겠습니다.

멕시코에는 '타라후마라'라는 부족이 살고 있습니다. 이 부족은 오로지 '달리기'만으로 사슴 사냥을 하는 것으로 알려졌습니다. 사람과 사슴 중 누가 더 빠를까요? 맞습니다. 사슴이 훨씬 더 빠릅니다. 사슴은 평균 시속 60-80킬로미터로 달리는 반면, 사람은 그 절반에도 못 미칩니다. 속도로만 보면 달리기로 사슴을 사냥한다는 것은 있을 수 없는, 불가능한 일입니다.

그럼 타라후마라 부족은 도대체 어떻게 사슴을 사냥할까요? 그들은 사슴의 발굽이 닳아 해져서 '나 이제 더 이상 못 도망가' 하며 포기하고 주저앉을 때까지 사슴을 쫓아 달립니다. 타라후마라 부족의 사슴 사냥 방법은 빨리 달리는 데 있지 않고, 끝까지 달리는 데 있는 것입니다.

우리는 앞선 장을 통해 타라후마라 부족과 같은 삶을 살아가고 있는 한 사람을 타라후마라 부족처럼 추적해 왔습니다. 누구입니까? 바로 느헤미야입니다. 우리는 느헤미야와 그와 함께한 사람들이 도비야와 산발랏과 게셈의 끈질긴 방해에도 불구하고 140여 년 동안 무너져 있었던 예루살렘 성벽을 재건하는 모습을 목격했습니다. 뿐만 아니라, 우리는 수문 앞 광장에서 회개를 통한 신앙 회복 운동이 일어나는 현장에도 함께 있었습니다. 그리고 건너뛴 느헤미야 10-12장을 통해 느헤미야가 신앙 회복 운동 이후에도 12년을 더 예루살렘에 머물며 이 회복의 역사가 지속될 수 있도록 최선을 다해 사역했음을 볼 수 있습니다.

느헤미야가 예루살렘에 온 지 12년이 되던 해에 그는 바사, 곧 페르시아로 돌아갑니다. 왜냐하면 떠날 때 아닥사스다 왕에게 돌아올 것을 약속했기 때문입니다.

"그때에 왕후도 왕 곁에 앉아 있었더라 왕이 내게 이르시되 네가 몇 날에 다녀올 길이며 어느 때에 돌아오겠느냐 하고 왕이 나를 보내기를 좋게 여기시기로 내가 기한을 정하고"(느 2:6).

그런데 느헤미야는 페르시아로 돌아온 지 얼마 되지 않아 예루살렘으로부터 심상치 않은 소식을 듣게 됩니다. 그것은 예루살렘 백성의 신앙이 흔들리면서 다시 타협하고 있다는 소식이었습니다. 하나님의 성전이 더럽혀졌다는 소식이었습니다. 무려 12년 동안 온 힘을 다해 해 온 일이 불과 몇 달 만에 다시 무너졌다는 소식을 들었을 때, 느헤미야의 마음이 어땠을까요?

우리도 느헤미야가 겪고 있는 이런 일을 겪을 때가 있지 않습니까? 오랜 시간 투자했던 일이 실패한 것처럼 보일 때가 있지 않습니까? 우리의 가정에, 직장에, 사업장에 이런 일들이 있지 않습니까? 우리의 신앙생활에 이런 영역이 있지 않습니까? 이럴 때 당신은 어떻게 합니까?

느헤미야는 어떻게 하고 있습니까? 그는 다시 예루살렘으로 돌아갑니다. 이때 성경은 느헤미야의 마음이 어땠는지에 대해서는 말씀하지 않습니다. 대신 성경은 그가 예루살렘으로 돌아가, 다시 백성에게 말씀을 듣게 했다고 말씀합니다.

저는 우리가 느헤미야와 같은 그리스도인이 되었으면 좋겠습니다. 어떤 상황 속에서도 예배를 포기하지 않고, 언제든지 주를 위해 다시, 또다시 벌떡벌떡 일어나 말씀의 중심에 서서 하나님이 가장 원하시는 일을 끝까지 이루어 내는 사람이 되었으면 좋겠습니다. 우리는 이런 그리스도인이 되어야 합니다.

그렇다면 이 시대에 느헤미야처럼 하나님이 가장 원하시는 일을 끝까지 이루어 내는 그리스도인이 되기 위해 우리가 해야 할 일은 무엇입니까?

끝까지 말씀으로 승부하십시오

느헤미야가 페르시아로 돌아간 후 예루살렘 성전에서 방을 관리하던 엘리아십이라는 제사장이 있었는데, 그가 도비야에게 성전 안에 있던 큰 방을 내주었습니다. 엘리아십이 도비야에게 내준 방은 빈방이 아니었습니다. 그 방은 원래 '거제물'을 두는 방이었습니다.

'거제물'이 무엇입니까? 이에 대해 느헤미야 13장 5절은 이렇게 말씀합니다.

"도비야를 위하여 한 큰 방을 만들었으니 그 방은 원래 소제물과 유향과 그릇과 또 레위 사람들과 노래하는 자들과 문지기들에게 십일조로 주는 곡물과 새 포도주와 기름과 또 제사장들에게 주는 거제물을 두는 곳이라."

거제물은 예배를 위해, 예배를 인도하는 제사장들을 위해 반드시 필요한 것이었습니다. 엘리아십이 이런 중요한 방을 비워 도비야에게 내준 것입니다.

도비야가 어떤 사람입니까? 그는 산발랏과 게셈의 무리와 모의해서 느헤미야와 그와 함께한 사람들을 비웃고 조롱했을 뿐만 아니라, 군대를 동원해서 위협하는 데 앞장섰던 사람입니다. 그는 예루살렘 성의 재건을 방해했던 사람입니다. 그는 하나님의 일이 이루어지지 못하게 방해했던 사람입니다.

도비야는 마귀의 역사를 상징하는 인물입니다. 마귀는 도비야와 같이 좀처럼 포기를 모릅니다. 도비야는 느헤미야가 예루살렘을 떠날 날만을 손꼽아 기다렸습니다. 그는 무려 12년 동안이나 그날만을 참고 기다렸습니다.

이 대목에서 생각해야 할 것이 하나 있습니다. 그것은 마귀가 우리를 죽이고 도둑질하고 마침내 멸망시키기 위해 우리를 극렬하게 공격할 때도 있지만, 도비야와 같이 오랜 시간 동안 참고 인내할 수도 있다는 것입니다. 마귀는 절대로 우리를 포기하지 않습니다. 그러니 우리가 포기해야 할까요? 그렇지 않습니다. 우리는 마귀와 싸워서 끝까지 승리해야 합니다. 그럼 어떻게 해야 마귀와 싸워 이길 수 있을까요? 말씀으로 싸워야 합니다.

예루살렘으로 돌아온 느헤미야가 가장 먼저 한 일은 백성에게 다시 하나님의 말씀을 듣게 하는 것이었습니다. 하나님의 말씀을 들을 때 어떤 일이 일어났습니까? 성경은 그들이 '분리했다'고 말씀합니다.

"백성이 이 율법을 듣고 곧 섞인 무리를 이스라엘 가운데에서 모두 분리하였느니라"(느 13:3).

하나님의 말씀은 우리 인생의 원심분리기입니다. 원심분리기의 기능이 무엇입니까? 분리하는 것입니다. 본문은 이스라엘 백성으로부터 섞인 무리를 분리했다고 말씀합니다.

하나님의 말씀 앞에 서십시오. 하나님의 말씀을 들을 때, 참된 것과 거짓된 것이 분리되는 것입니다. 하나님의 말씀을 들을 때, 신앙생활의 옳고 그른 것이 분리되는 것입니다. 하나님의 말씀을 들을 때, 하나님의 일과 마귀의 일이 분리되는 것입니다.

하나님의 말씀은 분리만 하는 것이 아닙니다. 하나님의 말씀을 들으면 믿음이 생겨나고, 그 믿음이 마귀의 불화살을 막아 내는 방패가 되고 성령의 역사를 나타내 마침내 모든 삶의 영역에서 마귀를 몰아내고 승리하게 되는 것입니다. 성경은 이런 사람, 끝까지 말씀으로 승부를 보는 사람을 '복 있는 사람'이라고 부릅니다.

"복 있는 사람은 악인들의 꾀를 따르지 아니하며 죄인들의 길에

서지 아니하며 오만한 자들의 자리에 앉지 아니하고 오직 여호와의 율법을 즐거워하여 그의 율법을 주야로 묵상하는도다 그는 시냇가에 심은 나무가 철을 따라 열매를 맺으며 그 잎사귀가 마르지 아니함 같으니 그가 하는 모든 일이 다 형통하리로다"(시 1:1-3).

50년 넘게 인도 선교사로 섬긴 스탠리 존스(E. Stanley Jones)라는 목사님이 계십니다. 하루는 성경의 중요성을 가르칠 때 한 인도 청년이 이렇게 질문했다고 합니다.

"선생님, 이렇게 성경을 붙들고 산다고 돈이 생기나요, 직장이 생기나요?"

이때 스탠리 존스 목사님이 이렇게 대답했다고 합니다.

"한 가지 분명한 약속을 할 수 있네. 만일 자네가 이 말씀을 붙들고 산다면, 그때부터 이 말씀이 자네를 붙들어 인도할 것이라네."

우리는 말씀이 우리의 삶을 이끌어 가시도록 끝까지 말씀을 붙들고 살아가야 합니다. 그러면 말씀이신 하나님이 우리의 인생에 역사하실 것입니다. 이 역사 안에서 살아가는 사람에게 복이 있습니다. 이 역사 안에서 살아가는 사람이 형통한 사람입니다. 끝까지 말씀으로 승부하는 믿음의 사람이 되어, 이 시대의 느헤미야와 같이 하나님의 사명을 감당하며 살아갈 수 있기를 바랍니다.

당신의 전부를 끝까지 하나님에게만 맡기십시오

"내가 또 알아본즉 레위 사람들이 받을 몫을 주지 아니하였으므로 그 직무를 행하는 레위 사람들과 노래하는 자들이 각각 자기 밭으로 도망하였기로"(느 13:10).

예루살렘으로 돌아온 느헤미야는 백성이 십일조도 하지 않고, 안식일을 거룩하게 지키지도 않는 모습을 보았습니다. 불과 몇 달 만에 12년 전 그 이전의 모습으로 돌아간 것입니다. 느헤미야는 그들의 신앙생활이 이렇게 무너진 이유를 두 가지로 설명합니다.

1) 물질
첫째는, 물질과 관련된 것입니다.

느헤미야가 돌아와 보니 성전에 있어야 할 레위인들이 다 밭으로 도망가고 없었습니다. 백성이 십일조를 내지 않아 레위 사람들의 먹고살 길이 막막해졌기 때문입니다. 십일조는 단순히 돈의 문제에 국한되지 않습니다. 왜냐하면 십일조는 정신의 문제이기 때문입니다. 십일조를 하지 않았다는 것은 십일조의 정신을 잃어버렸다는 말입니다.

십일조 정신이란, 물질의 10퍼센트를 하나님에게 드리면서 남은 90퍼센트의 소유도 하나님에게 있음을 기억하는 것입니다. 가진 것의 10퍼센트도 하나님의 것으로 인정하지 못하는 사람이 자신의 전부를 드릴 수 있다고 말하는 것은 앞뒤가 맞지 않는 말일 것입니다. 그래서 존 웨슬리(John Wesley)는 "나는 지갑이 회개하지 않는 사람의 회개를 믿지 않는다!"는 유명한 말을 남긴 것입니다.

이스라엘 백성은 이 십일조 정신을 잃어버렸습니다. 그러나 그들은 십일조 정신을 잃어버리기 전에 예배에 실패하고 있었습니다. 예배의 실패는 하나님의 말씀을 잊어버리게 만들었고, 십일조 정신을 사라지게 했습니다. 그러나 이스라엘 백성이 다시 말씀을 듣고 예배하기 시작했을 때, 그들의 삶에 십일조 정신이 살아나기 시작했습니다.

"이에 온 유다가 곡식과 새 포도주와 기름의 십일조를 가져다가 곳간에 들이므로"(느 13:12).

십일조의 회복은 하나님 주권의 회복입니다. 하나님 주권의 회복이 예배의 회복임을 기억하십시오.

2) 시간

둘째는, 시간입니다.

"내가 유다의 모든 귀인들을 꾸짖어 그들에게 이르기를 너희가 어찌 이 악을 행하여 안식일을 범하느냐"(느 13:17).

느헤미야가 예루살렘으로 돌아와 보니 사람들이 안식일을 범하며 돈을 벌고 있었습니다. 그러면서 십일조도 하지 않고 있었습니다. 그도 그럴 것이, 돈 버느라 성전에 올 시간도 없는데 십일조를 어떻게 드릴 수 있었겠습니까?

제가 초등학교, 중학교 시절에 보이스카우트 활동을 했습니다. 그런데 그 행사는 꼭 주일에 있었습니다. 그때 당시 저희 집이 시립대학교 근처였는데, 그럴 때면 어머니가 새벽부터 깨워서 여의도순복음교회 1부 예배를 데려가 주셨습니다. 무슨 일이 있어도 예배부터 드리라는 것이었습니다. 그래서인지 예전에 강남에서 고등부를 담당했을 때, 고3 아이들이 학원 시간과 교회 예배 시간이 겹쳐서 오지 못하는 것을 보다가 아침 7시 예배를 신설한 적이 있었습니다. 대학 입시라는 힘겨운 싸움을 하는 제자들에게 예배가 가장 중요하다고 말해 주고 싶었습니다. 아이들이 성장하면서 지금보다 훨씬 더 힘들고 어려운 일들을 많이 만나게 될 텐데, 그때 먼저 예배하는 그리스도인으로 자라길 바랐기 때문입니다.

우리 교회 고등부에 지난 전국 모의고사에서 1등을 한 학생이 있습니다. 잠시 이야기를 나눠 보니, 이 친구는 지금까지 교회 봉사를 쉬어 본 적이 없다고 합니다. 외할머니와 어머니와 함께 왔는데, 어려서부터 주일은 주님의 날이니 온전히 주님을 섬기라고 가르쳐 왔다고 합니다. 그래서 이 친구가 주일날 온전히 주님을 섬기기 위해 주일을 제외한 6일 동안은 정말 열심히 공부한다고 합니다. 그러니 이 학생의 6일도 주일을 위한 6일인 셈입니다. 학원도 안 다닙니다. 그래도 전교 1등, 전국 1등을 합니다.

우리의 인생에 무엇이 중요합니까? 예배가 가장 중요합니다. 왜냐하면 예배를 통해 하나님에게 우리의 삶을 맡길 수 있고, 우리가 맡긴 그 삶을 받으신 하나님이 은혜를 베풀어 주시기 때문입니다. 우리는 우리의 전부를 끝까지 하나님에게만 맡기는 그리스도인이 되어야 합니다.

끝까지 기도의 무릎을 꿇으십시오

"내 하나님이여 이 일로 말미암아 나를 기억하옵소서 내 하나님의 전과 그 모든 직무를 위하여 내가 행한 선한 일을 도말하지 마옵소서"(느 13:14).

느헤미야 1-13장까지 느헤미야가 일관되게 하고 있는 것이 하나 있습니다. 그것은 바로 기도입니다. 느헤미야는 기도의 사람이었습니다. 느헤미야가 일평생 포기하지 않고 끝까지 한 일이 있다면, 그것은 기도의 무릎을 지켜 낸 것입니다.

그에게도 낙심했던 적이 있었을 것입니다. 실망했던 적이 있었을 것입니다. 다 그만두고 싶은 마음이 들었던 적도 있었을 것입니다. 시험에 들었던 적도 있었을 것입니다. 다 버리고 편안한 삶이 보장된 페르시아의 수산 궁으로 돌아가고 싶은 마음도 있었을지 모르겠습니다. 제가 느헤미야였다면 그랬을 것 같습니다. 그러나 느헤미야는 기도의 무릎을 포기하지 않았습니다.

그는 이렇게 고백합니다.

"하나님, 이 민족을 긍휼히 여겨 주옵소서."

"하나님, 이 민족을 축복해 주옵소서."

우리도 느헤미야처럼 기도하는 그리스도인이 되어야 할 것입니다.

오래전 이탈리아에 북아프리카 출신의 한 청년이 살았습니다. 그는 어린 시절에 믿던 기독교 신앙을 떠나 마니교라는 이단에 빠져 음란하고 방탕한 생활을 하고 있었습니다. 그러나 시간이 흐를수록 행복하지 못한 자신을 자각하게 되었고, 그로 인해 괴로움 가운데 살게 되었습니다. 그러던 어느 날, 갑자기 바깥 정원에서 놀던 아이들의 목소리가 창을 타고 들려왔습니다.

"펴서 읽어 보아라! 펴서 읽어 보아라!"

그 순간 그의 시선이 오랫동안 책장 한구석에 버려져 있던 성경을 향했습니다. 그가 성경을 펼쳤을 때 로마서 13장 12-14절의 말씀이 눈에 들어왔습니다.

"밤이 깊고 낮이 가까웠으니 그러므로 우리가 어둠의 일을 벗고 빛의 갑옷을 입자 낮에와 같이 단정히 행하고 방탕하거나 술 취하지 말며 음란하거나 호색하지 말며 다투거나 시기하지 말고 오직 주 예수 그리스도로 옷 입고 정욕을 위하여 육신의 일을 도모하지 말라."

그 순간 그는 무릎을 꿇었고, 눈물이 하염없이 그의 뺨을 타고 흘러내리기 시작했습니다. 말씀이신 하나님이 찾아와 그를 만나주신 것입니다. 그날 밤 이 청년은 자신을 찾아와 만나 주신 주님에게 이 어두움의 세상과 결별하겠다고 약속하고 세 가지를 결단합니다.

1. 거룩한 말씀을 붙들자

2. 세상과 구별된 삶을 살자

3. 기도의 무릎을 꿇자

그가 얼마 동안 기도하고 일어섰을 때, 그는 더 이상 옛 사람이 아니었습니다. 그는 자신의 모든 삶을 주님에게 드리기 시작했고, 매일의 삶을 기도로 시작하고 마쳤습니다. 그리고 마침내 기독교 역사상 가장 위대하고 거룩한 영향을 끼치는 사람으로 우뚝 서게 되는데, 그가 바로 성 어거스틴(Aurelius Augustinus)입니다.

그러나 그보다 그를 위해 먼저 기도의 무릎을 꿇었던 한 사람이 있었습니다. 바로 그의 어머니 모니카였습니다. 어거스틴이 마니교라는 이단에 빠져 있을 때도, 음란이 가득한 이탈리아로 떠나겠다고 했을 때도 어머니 모니카는 기도의 무릎을 포기하지 않았습니다. 어거스틴이 기도의 무릎을 포기하지 않는 사람이 될 수 있었던 것은 그의 어머니의 기도가 있었기 때문입니다.

믿음의 사람으로서 우리가 끝까지 놓치지 말아야 할 것은 기도입니다. 기도는 우리가 붙들 수 있는 유일한 무기요, 방패입니다. 느헤미야처럼 그리고 모니카처럼 기도의 사람이 되십시오. 기도의 무릎으로 한 사람과 가정과 사회, 그리고 국가를 새로 고침하는 우리가 되었으면 좋겠습니다. 그런 그리스도인이 되기를 소망합니다.

1. 세상 속에서 하나님을 믿지 않는 사람들과 분리되는 인생으로 살아
   가는 것은 쉽지 않습니다. 하지만 분리되어야겠다는 생각이 들 때는
   언제입니까? 또한 어떤 기준으로 분리되려고 합니까?

   _____

   _____

   _____

   _____

2. 인생 속에서 '나의 소유'라 여겼던 부분들을 하나님에게 얼마나 드려
   보았습니까?

   _____

   _____

   _____

   _____

3. 인생 속에서 기도의 필요성은 너무나 잘 알고 있습니다. 그렇다면 당신의 인생 속에서 기도가 차지하는 비중은 얼마나 됩니까?

_____

_____

_____

_____

4. 세상 속에서 끝까지 놓지 않았던 신앙적인 모습은 무엇입니까?

_____

_____

_____

_____

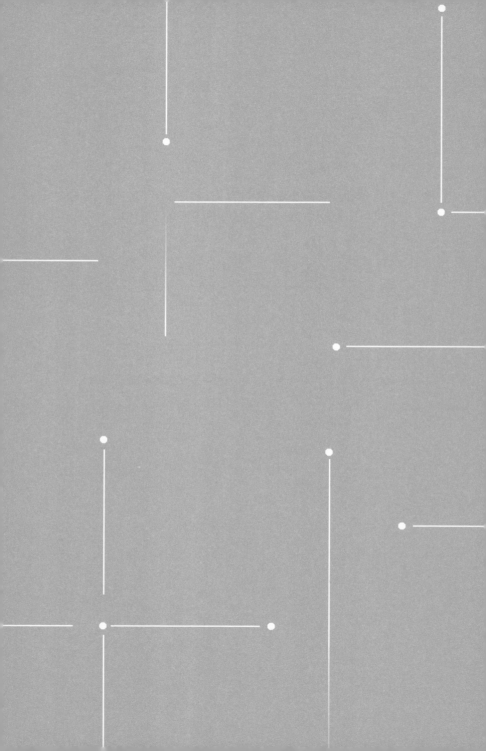